रज़ा पुस्तक माला

मुक्तिबोध के उद्धरण

संचयन

रज़ा फ़ाउण्डेशन | THE RAZA FOUNDATION

मुक्तिबोध के उद्धरण

चयन और सम्पादन
प्रभात त्रिपाठी

राजकमल प्रकाशन

रज़ा पुस्तक माला : संचयन
प्रधान सम्पादक : अशोक वाजपेयी | सम्पादक : पीयूष दईया
राजकमल प्रकाशन प्रा.लि. और रज़ा फ़ाउण्डेशन का सह-प्रकाशन

ISBN : 978-81-267-3083-4

मूल्य : ₹350

पहला संस्करण : 2017

प्रकाशक : राजकमल प्रकाशन प्रा. लि.
1-बी, नेताजी सुभाष मार्ग, दरियागंज
नई दिल्ली-110 002

शाखाएँ : अशोक राजपथ, साइंस कॉलेज के सामने, पटना-800 006
पहली मंजिल, दरबारी बिल्डिंग, महात्मा गांधी मार्ग, इलाहाबाद-211 001
36 ए, शेक्सपियर सरणी, कोलकाता-700 017

वेबसाइट : www.rajkamalprakashan.com
ई-मेल : info@rajkamalprakashan.com

मुद्रक : यश प्रिंटोग्राफिक्स
नोएडा-201301 (उत्तर प्रदेश)

MUKTIBODH KE UDDHARAN
Selected & Edited by Prabhat Tripathi

आमुख

अशोक वाजपेयी

आमुख

कलाओं में भारतीय आधुनिकता के एक मूर्धन्य सैयद हैदर रज़ा एक अथक और अनोखे चित्रकार तो थे ही उनकी अन्य कलाओं में भी गहरी दिलचस्पी थी। विशेषतः कविता और विचार में। वे हिन्दी को अपनी मातृभाषा मानते थे और हालाँकि उनका फ्रेंच और अँग्रेज़ी का ज्ञान और उन पर अधिकार गहरा था, वे, फ्रांस में साठ वर्ष बिताने के बाद भी, हिन्दी में रमे रहे। यह आकस्मिक नहीं है कि अपने कला-जीवन के उत्तरार्द्ध में उनके सभी चित्रों के शीर्षक हिन्दी में होते थे। वे संसार के श्रेष्ठ चित्रकारों में, २०-२१वीं सदियों में, शायद अकेले हैं जिन्होंने अपने सौ से अधिक चित्रों में देवनागरी में संस्कृत, हिन्दी और उर्दू कविता में पंक्तियाँ अंकित कीं। बरसों तक मैं जब उनके साथ कुछ समय पेरिस में बिताने जाता था तो उनके इसरार पर अपने साथ नवप्रकाशित हिन्दी कविता की पुस्तकें ले जाता था : उनके पुस्तक-संग्रह में, जो अब दिल्ली स्थित रज़ा अभिलेखागार का एक हिस्सा है, हिन्दी कविता का एक बड़ा संग्रह शामिल था।

रज़ा की एक चिन्ता यह भी थी कि हिन्दी में कई विषयों में अच्छी पुस्तकों की कमी है। विशेषतः कलाओं और विचार आदि को लेकर। वे चाहते थे कि हमें कुछ पहल करना चाहिये। २०१६ में साढ़े चौरानवे वर्ष की आयु में उनकी मृत्यु के बाद रज़ा फ़ाउण्डेशन ने उनकी इच्छा का सम्मान करते हुए हिन्दी में कुछ नये क़िस्म की पुस्तकें प्रकाशित करने की पहल *रज़ा पुस्तक माला* के रूप में की है, जिनमें कुछ अप्राप्य पूर्व प्रकाशित पुस्तकों का पुनर्प्रकाशन भी शामिल है। उनमें गांधी, संस्कृति-

चिन्तन, संवाद, भारतीय भाषाओं से विशेषत: कला–चिन्तन के हिन्दी अनुवाद, कविता आदि की पुस्तकें शामिल की जा रही हैं। सभी पुस्तकों पर रज़ा साहब और उनके समकालीन मित्र चित्रकारों आदि की प्रतिकृतियाँ आवरणों पर होंगी।

गजानन माधव मुक्तिबोध की जन्म–शती के दौरान उनके उद्धरणों का यह संचयन विशेष रूप से तैयार और प्रकाशित किया जा रहा है। छोटी कविताओं के समय में मुक्तिबोध लम्बी कविताएँ लिखने का जोखिम उठाते रहे और उनकी आलोचना और चिन्तन लीक से हटकर जटिल थे। इसने उन्हें एक कठिन लेखक के रूप में विख्यात कर दिया। उनके अत्यन्त सार्थक, जटिल साहित्य–संसार में प्रवेश के लिए उद्धरणों का यह संचयन मददगार होगा इस उम्मीद से ही इसे विन्यस्त किया गया है। इससे पाठकों को मुक्तिबोध के संसार में और गहरे जाने का उत्साह होगा।

मुक्तिबोध रज़ा के प्रिय कवियों में से एक थे। उनकी एक पंक्ति 'इस तम–शून्य में तैरती है जगत् समीक्षा' का उन्होंने अपने कई चित्रों में इस्तेमाल किया था। मुक्तिबोध अकेले हिन्दी कवि हैं जिन्हें प्रसिद्ध प्रोग्रेसिव आर्टिस्ट ग्रुप के कम से कम तीन बड़े चित्रकारों ने पसन्द किया। रामकुमार ने रोग–शय्या पर लेटे हुए मुक्तिबोध के कई रेखाचित्र बनाये थे जो उनके पहले कविता–संग्रह 'चाँद का मुँह टेढ़ा है' में प्रकाशित हुए थे। मक़बूल फ़िदा हुसेन ने जूते न पहनने का निर्णय मुक्तिबोध की शवयात्रा के दौरान लिया था। रज़ा उनकी कविता को हमेशा याद करते रहे।

यह संचयन एक शृंखला की शुरुआत भी है। आगे अज्ञेय, शमशेर बहादुर सिंह, रघुवीर सहाय, निर्मल वर्मा आदि के उद्धरणों के संचयन प्रकाशित करने का इरादा है।

अशोक वाजपेयी

अक्टूबर २०१७, नयी दिल्ली

आरम्भिक

प्रभात त्रिपाठी

आरम्भिक

मुक्तिबोध के समग्र साहित्य से सौ उद्धरणों का चयन एक जोख़िमभरा और चुनौतीपूर्ण काम है। यह काम, गम्भीर अकादेमिक अनुशासन और नवोन्मेषशालिनी कल्पनाशीलता की अपेक्षा रखता है। मुझे लगता है, कि यह मेरी सामर्थ्य के बाहर है। इसीलिए शुरू में मैंने यह काम करने में अपनी असमर्थता व्यक्त की थी। पर अन्ततः अशोक वाजपेयी के स्नेहिल आग्रह के कारण मैंने यह काम अपने हाथ में ले ही लिया। उन्हीं दिनों हिन्दी के वरिष्ठ कवि चन्द्रकान्त देवताले से मेरी बात भी हुई थी। वे चाहते थे, कि इस तरह का कोई चयन, इस रूप में किया जाय, कि मुक्तिबोध के सर्जनात्मक और वैचारिक साहित्य को, उनकी रचनात्मकता के समग्र परिप्रेक्ष्य में पढ़ सकने की एक सार्थक दिशा पाठक को मिल सके। उनका जोर कविता और विचार की सहज सम्प्रेषणीयता के अतिरिक्त, इस बात पर भी था, कि इन उद्धरणों के माध्यम से मुक्तिबोध की रचना की जनचरित्री संवेदना और उनके विचारों में अन्तर्निहित और उजागर, उनकी प्रखर राजनीतिक, सामाजिक प्रतिबद्धता को भी पाठक सहजता से आत्मसात् कर सके। शायद शब्दशः तो नहीं, पर मूल्यचेतना के स्तर पर, मैंने यह कोशिश की है, कि उनके साहित्य की ऐसी एक मार्मिक पहचान इन उद्धरणों के पाठ से उभर सके।

इस किताब की शुरुआत मुक्तिबोध की कविताओं के उद्धरणों से होती है। शायद यह इस तथ्य को भी उजागर करती है, कि उनकी कविता को चन्द सूक्तियों और कुछेक चमकीले जुमलों के आधार पर पढ़ पाना, और उसकी विराटता को आत्मानुभव के स्तर पर आत्मसात् कर पाना सम्भव

नहीं है। वे महाकाव्यात्मक अन्तर्दृष्टि की ही नहीं, वैसी ही विशद संरचना के कवि भी हैं। उनकी कविता को प्रचलित श्रेणियों और सूत्रों में पढ़ते हुए, हम बराबर अनुभव करते हैं, कि वह इनमें बँधकर रहनेवाली कविता नहीं है। वास्तविकता यह है, कि मुक्तिबोध का समग्र काव्य, एक ऐसी सर्जनात्मक बेचैनी का प्रतिफल है जो मुक्ति के रास्तों की खोज की बेचैनी है। निजी और आवयविक स्तर पर, अपनी ज़िन्दगी में इसे निरन्तर महसूस करते रहने वाले मुक्तिबोध, अपनी कविता, सत्य पा चुके व्यक्ति की तरह नहीं लिखते। इसीलिए उनकी कविता भी 'सत्य' पाये हुए व्यक्ति की भाषा नहीं बनती, बल्कि अपने पाठक को हर बार उद्‌बुद्ध करती है, कि मुक्तिकामी बेचैनी के इस अनुभव को, वह उसी तरह खोजे, जैसा वे स्वयं खोजते रहे हैं। यह एक अनन्त खोज है, और इसलिए इसे पढ़ने और पाने के रास्ते भी अनन्त हैं।

हर बड़ी कविता की तरह मुक्तिबोध की कविता, पाठक को, पाठ के लिए खुला अवकाश देती है, ताकि वह उसे सिर्फ़ काग़ज़ पर नहीं, अपने अनुभव, अपनी कल्पना, अपनी स्मृति में, बिलकुल अपनी तरह से रचता हुआ पढ़ सके। यह सचमुच अद्‌भुत है, कि अपनी खरी और दो टूक प्रतिबद्धता के बावजूद, मुक्तिबोध ने कविता को किसी भी तरह की कट्टर निर्दिष्टता में बँधने नहीं दिया। उनकी कविताओं से लिये गये इन उद्धरणों के पाठ से, पाठक अनुभव करेंगे, कि गुम्फित जटिल और विशद रचनाओं से लिये गये उनके ये शब्द, इन 'उद्धरणों' के रूप में भी, पाठक को अन्दर बाहर से झकझोरते हैं। पाठक सहज ही महसूस करेगा, कि वह कविता के पाठ के बाद तात्कालिक अर्थ से कहीं ज़्यादा, उस अन्तर्ध्वनि से घिर गया है, जो कविता ने उसके भीतर पैदा की है। ये उद्धरण सम्भवत: उसे प्रेरित भी कर सकते हैं, कि वह उन्हें उनकी समग्रता में जानने की कोशिश करे। इस अर्थ में इन उद्धरणों की यह सार्थकता तो है ही, कि वे मुक्तिबोध की सर्जनात्मक यात्रा में अन्तर्निहित, भाव विभाव के विविध संसार में गतिशील, मुक्तिकामी बेचैनी के विविध रूपों की ऐसी झलक पाठक को देते हैं, कि पाठक अपने अनुभव और विचार के आईने में उन्हें अपनी सर्जनात्मकता के शब्दों की तरह पढ़ सकता है।

उनकी कविताओं की महाकाव्यात्मक संरचना का आधार उनकी दीर्घता ही नहीं है। सच तो यह है कि इस महाकाव्यात्मकता को न तो उनकी

कविताओं के दीर्घाकार के आधार पर समझा जा सकता है, और न ही, उनकी घोषित और मुखर विचारधारा के आधार पर, जबकि थोड़े रिडक्शनिस्ट ढंग से, उनकी प्रतिबद्धता को अक्सर ही इसी तरह समझा और समझाया जाता रहा है। गहन आत्मान्वेषण, आत्मालोचन तथा उतनी ही विशद जगत समीक्षा और सभ्यता समीक्षा की निरन्तर जारी रहने वाली कोशिशों के चलते, वे महाकाव्यात्मक संरचना की जटिल, अनेकायामी आख्यानों की बहुलार्थता में गूँजती, एक ऐसी कविता लिख सके, जिसमें भाव और विभाव का संसार एकमेक हो जाता है। यह एक ऐसी कविता है, जिसमें परम्परागत स्थायी भावों की, एक बिलकुल ही नवोन्मेषिनी ऊर्जा है, पर उसके साथ-साथ आधुनिक समय की करुण त्रासदी की वह पीड़ा और यातना भी है, जिसे भारत के साधारण जन आज भी झेल रहे हैं। अपने समय से प्रतिकृत और उसके प्रति पूरी उन्मुक्तता से प्रतिबद्ध, उनकी कविता; अनुभूति, स्मृति, कल्पना, विचार, संवेदना, इतिहास, पुराण, लोककथाएँ, किवदन्तियाँ, तिलिस्मी क़िस्सों, जासूसी कथाओं को, अपनी आख्यानात्मकता में कुछ इस तरह आत्मसात् किये है, कि उसके पाठ से हम आनुभविक स्तर पर लगभग हतवाक्, विस्मित और गहरे में विचलित हो जाते हैं। पर इसके बावजूद, वह कविता अपने लक्ष्य और प्रयोजन से भटकने और भटकाने वाली कविता नहीं है। मुक्तिबोध की हर कविता, एक पल को भी जनोन्मुख संवेदना से च्युत नहीं होती, लेकिन एक चौकस कवि की तरह मुक्तिबोध हमेशा यह भी याद रखते हैं कि जनोन्मुख होने का अर्थ लोकरिझाऊ पॉपुलिस्ट कविता लिखना नहीं है।

इन उद्धरणों का चयन करते हुए, इनके प्रभाव के महत्त्व और प्रासंगिकता को ध्यान में रखने की कोशिश रही है। इस कारण भी, कि स्वयं मुक्तिबोध अपनी बेचैनी को, अपनी अक्सर ही अपूर्ण रही आती कविता के विन्यास में लाने की कोशिश करते हुए, इस तथ्य के प्रति भी पूरी सतर्कता बरतते थे, कि कविता एक समूचे सांस्कृतिक सन्दर्भ से जुड़ी है और उसकी रचना-प्रक्रिया भी प्रथमतः और अन्ततः एक सांस्कृतिक प्रक्रिया ही है। अनुभूत्यात्मक स्तर पर भाव को ही नहीं, विभाव को भी आत्मसात् करते हुए, वे केवल उन्हें तथ्यात्मक विवरणों या आत्मकथात्मक प्रसंगों की भावुक आकुलता के स्तर पर नहीं रचते। वे सदियों से जारी कविता की परम्परा और उस परम्परा में जड़ें जमायी हुई, कविता की रचना-प्रक्रिया

से भी परिचित हैं। और इसीलिए वे इस पूरी परम्परा के साथ रचनात्मक स्तर पर एक द्वन्द्वात्मक सम्बन्ध बनाते हुए अपनी कविता रचते हैं।

उनकी कविता में ही नहीं, बल्कि उनके सर्जनात्मक और वैचारिक गद्य में भी, प्रकृति अपनी विराटता और विविधता में सक्रिय और जीवन्त है। बेशक कविता में वह विराट ब्रह्माण्डीय बोध और रत्नगर्भा वसुधा के अतल तक जाने वाली कल्पना से रचित, बहुलार्थी व्यंजकता से अधिक सम्पन्न है, और पार्थिव परिवेश में उपस्थित वाचक नायक की अनुभूति को अधिक प्रभावी और नानार्थी बनाती है। लेकिन जैसा कि हम यहाँ उद्धृत कुछ उद्धरणों से ही अनुभव कर सकते हैं, कि कथाओं में तथा 'एक साहित्यिक की डायरी' के निबन्धों में भी, प्रकृति की उपस्थिति मात्र आलंकारिक उपस्थिति ही नहीं है। वास्तव में परिवेश और देश के आधुनिक यथार्थ के अनुभव से पोषित, उनकी सर्जनात्मकता, हर कहीं एक कवि की कल्पना और अन्तर्दृष्टि के साथ भी गति करती है। इसी अर्थ में उनका वस्तुजगत कहीं भी निरे विवरणात्मक यथार्थ में क़ैद नहीं दिखायी पड़ता है। उनका कवि स्वभाव, उनके 'यथार्थबोध' को ऐसे विन्यास में रचता है, जहाँ वे अपनी अन्त:सम्भावना के स्वप्न को सत्य की तरह देखते हैं। शायद इसीलिए, कविता और कला की रचना-प्रक्रिया पर, सौन्दर्य प्रतीति के सवालों पर, जड़ीभूत सौन्दर्याभिरुचि के प्रश्न पर, तथा और भी कितने ही साहित्यिक प्रश्नों पर विचार करते हुए, उन्होंने प्रत्यक्ष विवेचन और विश्लेषण की शैली को, डायरी के माध्यम से जीवन्त मानवीय संवाद का रूप देने की कोशिश की है, क्योंकि वहाँ वे अपने भीतर को प्रकृति की अन्तरंगता में उघारने का अवसर पाते हैं। इन निबन्धों से गुजरते हुए भी, प्रकृति और परिवेश के साथ उनके लगाव की उत्कटता को महसूस किया जा सकता है। निश्चय ही उनकी कथाओं में, निम्न मध्यवर्गीय व्यक्ति के जीवन संघर्ष के स्वर सुनने को मिलते हैं, पर ये स्वर प्रकृति विमुख निरे नागरी स्वर नहीं हैं। उनकी कवि-कल्पना का प्रसार इसी अर्थ में उनकी अन्य रचनाओं में देखा जा सकता है।

उद्धरणों के चयन की प्रक्रिया में यह बात भी शिद्दत से महसूस होती रही है, कि कहानी और कहानी जैसी साहित्यिक डायरी, दोनों में व्यक्ति के जीवन संघर्ष की बुनियाद पर ही, उनकी सर्जना, वैचारिकता और उनके साहित्य चिन्तन की यह विशाल इमारत खड़ी है। यह भी रेखांकित करने

की बात है कि उनकी सर्जना और उनके चिन्तन, दोनों में, व्यक्ति के समग्र अस्तित्व को उसी तरह शामिल करने की कोशिश लगभग उजागर है, जिस तरह प्रकृति के उनके आत्मसातीकरण में, हम एक तरह के ब्रह्माण्डीय बोध को अक्सर ही गति करते पाते हैं। रोचक ही नहीं, बल्कि विचारोत्तेजक तथ्य यह भी है कि अस्तित्व चिन्ता और ब्रह्माण्डीय बोध और रचनात्मक रहस्यमयता के बावजूद, वह प्रखर और गहरी वर्गचेतना की अद्वितीय कविता है। उनकी वर्गचेतना बाजवक़्त किसी एक्टीवीस्ट की तरह अपनी कविता के विन्यास को झिंझोड़ती हुई गति करती है, तो कई बार लगता है, कि आत्मसजग मध्यवर्ग के अन्तर पर हथौड़े की तरह मार करती हुई, वह उसे अपनी कविता की यात्रा में शामिल होने के लिए पुकार रही है।

उनकी रचनाओं को पढ़ते हुए उनकी वैचारिक प्रतिबद्धता को किसी प्रकार की दलगत कट्टरता में समझ पाना इसलिए मुश्किल है कि अपनी बेबाक और गहन आत्मालोचना में, उन्होंने कविता की रचना-प्रक्रिया और सौन्दर्यानुभूति या सौन्दर्य-बोध को भी उतनी ही गहराई से समझने और व्यक्त करने की कोशिश की है, जितनी शोषितों, वंचितों, दलितों के प्रति अपनी सहानुभूति को। उनके साहित्य चिन्तन से सम्बन्धित इन कुछ ही उद्धरणों के अध्ययन से यह स्पष्ट होता है कि कला का प्रश्न उनके लिए एक गहरा और अहम सवाल था। बाजवक़्त तो यह भी महसूस होता है कि वे अपनी रचनाओं के द्वारा शायद यह सन्देश देना चाहते थे कि साहित्य सृजन के ज़रूरी विस्तार के लिए, रचना-प्रक्रिया की गहरी पहचान, समाज और व्यक्ति के स्वभाव की अन्तरंग पहचान और इस पहचान के लिए रचनात्मक संघर्ष की नयी नयी दिशाओं की खोज आज के लेखक के लिए ज़रूरी है। साहित्य और कविता पर इतने विस्तार, गहरायी और जटिलता की समझ के साथ विचार करने वाले मुक्तिबोध, संघर्ष के प्रमुखतम मोर्चे की तरह, बुनियादी साइट ऑफ स्ट्रगल की तरह, 'साहित्य' को ही ले रहे थे। उनकी कविता और उनके गद्य में इस बात के बीसियों प्रमाण हैं, उनकी रचनात्मकता की जगह और उसका समय भी साहित्य ही रहा है। परम अभिव्यक्ति आत्मसम्भवा तक पहुँचने के लिए ही की गयी उनकी रचनात्मक यात्रा वास्तव में अनुभूति और विचार को, संस्कार और संस्कृति का अविभाज्य हिस्सा बना देने वाली एक अद्भुत यात्रा है। उनका रचना-संसार मानवता के लिए एक अविस्मरणीय दस्तावेज है।

हर महान साहित्य की तरह मुक्तिबोध का समग्र साहित्य, पाठक को, थोड़ा और बेहतर मनुष्य बनने की अजस्र अन्त:प्रेरणा से भर देता है। पाठक के अन्तरंग में जगह बनाने वाली उनकी रचना को न तो विचार सार की तरह पढ़ा जा सकता है और न ही भावुक पक्षधरता की तरह। वह मूल मानव न्याय संवेदन से रची गयी कविता है, जो अपने विवेक विचार के द्वारा, भावना का संस्कार और परिष्कार तो करती ही है, लेकिन ऐसा करती हुई, वह मानव सम्बन्धों के संसार को, व्यापक नैतिकता के आदिम मानवीय विवेक-बोध से भी बराबर जोड़े रहती है। उनकी रचनाओं में आद्यन्त व्याप्त आदिम प्राकृतिक बिम्बमालाओं की शृंखला, महज़ बात कहने का निमित्त मात्र नहीं है। कविता और कला के व्यापक सामाजिक प्रयोजन को, भाषा की यह प्राकृतिकता, मानव स्वभाव में ही अन्तर्निहित देश कालातीत नैतिकता और सौन्दर्य के बोध से भी जोड़ती है, लेकिन उसमें अन्तर्निहित स्थानिकता के सामाजिक, राजनीतिक भूगोल की ज्वलन्त प्रासंगिकता को, उसी तरह जीवन्त और प्रेरक बनाये रखती है। वास्तव में मुक्तिबोध की कवि दृष्टि की मूलभूत विशेषता ही यह है कि वह अनन्त जिज्ञासा के पथ पर अनवरत चलती रहने वाली दृष्टि है। यह रोचक और रेखांकित करने योग्य तथ्य है कि वे स्वयं अपनी किसी भी रचना को मुकम्मिल और पूरी हो चुकी रचना की तरह नहीं देखते थे और अन्त तक उसमें संशोधन-सुधार करते ही रहते थे। कविता की रचना-प्रक्रिया, वस्तु और रूप के सम्बन्ध, व्यक्ति और समाज, निजी ईमानदारी का सवाल, जैसे सामयिक मुद्दों पर विचार करते हुए भी, वे मानव प्रकृति को गहरायी और विविधता में समझने की कोशिश तो करते ही थे, उसके साथ वे 'भाषा' से जुड़े आसंगों की भी गहरी छानबीन सी करते ही रहते थे। आशय यह, कि उनकी जिज्ञासु कल्पना, काव्य-चिन्तन के क्षेत्र में भी परिपाटीबद्ध अकादेमिक चिन्तन से बिलकुल अलग है और मानव स्वभाव और मानव नियति के ऐसे प्रश्नों से भी जूझती है, जिन्हें सामयिक और परिस्थितिजन्य प्रश्नों की तरह ही देखना शायद मुमकिन नहीं होगा। असल में अपनी परम अभिव्यक्ति आत्मसम्भवा की तलाश की दिशा खोजने के लिए, कविता का वरण ही, उन्हें आत्मान्वेषण और आत्मशोध की राहों पर भटकाता रहा है, जिसमें स्वयमेव परम्परा और प्रकृति, कविता की संरचना में ऐसे तत्वों को समेट लेती हैं, कि वे कवि को उसके किसी एक सरलरैखिक प्रयोजन या प्रतिबद्धता में सीमित नहीं रहने देतीं। मुक्तिबोध

की सुदीर्घ और जटिल कविताओं की रचना प्रक्रिया में ही, एकरैखिक प्रयोजनीयता की हदें टूटती सी नज़र आती हैं, और हम महसूस करते हैं, कि इसके बावजूद अपनी राजनीतिक, सामाजिक पक्षधरता और प्रतिबद्धता की गूँजों को, वे कहीं भी मन्द नहीं पड़ने देते, न तो अपनी कविता में, न ही अपने सुचिन्तित किन्तु जटिल वैचारिक विश्लेषण में।

अन्त में यह, कि इस संग्रह के सारे उद्धरण मुक्तिबोध रचनावली, प्रथम संस्करण के छह खण्डों से लिए गये हैं। यह कहना तो व्यर्थ है, कि यह संकलन मुक्तिबोध की रचनात्मकता का प्रातिनिधिक रूप है, पर यह ज़रूर कहा जा सकता है कि इन उद्धरणों के पाठ से, जिज्ञासु पाठकों का ध्यान मुक्तिबोध के समग्र साहित्य के गम्भीर अध्ययन के प्रति आकर्षित होगा और यह शायद हम सभी शिद्दत से महसूस करते हैं कि मुक्तिबोध के साहित्य का गहन अध्ययन और उस पर गम्भीर बहस, हमारे समय के लिए ज़रूरी और प्रासंगिक ही नहीं, बल्कि आज के विकराल सांस्कृतिक प्रदूषण के प्रतिरोध के लिए, रचनात्मक संघर्ष की सबसे सार्थक दिशा और राह भी है।

प्रभात त्रिपाठी

१

अधूरी और सतही ज़िन्दगी के गर्म रास्तों पर,
अचानक सनसनी भौंचक
कि पैरों के तलों को काट खाती कौन सी यह आग?
जिससे नच रहा सा हूँ
खड़ा भी हो नहीं सकता, न चल सकता।
भयानक, हाय, अन्धा दौर
ज़िन्दा छातियों पर और चेहरों पर
क़दम रखकर
चले हैं पैर!
अनगिन अग्निमय तन मन व आत्माएँ
व उनकी प्रश्न मुद्राएँ,
हृदय की द्युति प्रभाएँ,
जन समस्याएँ
कुचलता चल निकलता हूँ।
इसी से, पैर तलुओं में
नुकीला एक कीला तेज
गहरा गड़ गया औ' धँस गया इतना
कि ऊपर प्राण भीतर तक घुसा आया,
लगी है झनझनाती आग,
लाखों बर्र काँटों ने अचानक काट खाया है।
व्रणाहत नाचता हूँ, शून्य
मन के टीन छत पर गर्म।
हर पल चीख़ता हूँ, शोर करता हूँ
कि वैसी चीख़ती कविता बनाने में लजाता हूँ।

२

'अरे! जन संग ऊष्मा के
बिना, व्यक्तित्व के स्तर जुड़ नहीं सकते।
प्रयासी प्रेरणा के स्रोत,
सक्रिय वेदना की ज्योति,
सब साहाय्य उनसे लो।
तुम्हारी मुक्ति उनके प्रेम से होगी।
कि तद्‌गत लक्ष्य में से ही
हृदय के नेत्र जागेंगे,
व जीवन लक्ष्य उनके प्राप्त
करने की क्रिया में से
उभर ऊपर
विकसते जायेंगे निज के
तुम्हारे गुण
कि अपनी मुक्ति के रास्ते
अकेले में नहीं मिलते।'

३

उखड़ते चौखटों में ही
खड़ाखड़ खिड़कियाँ नचतीं,
भड़ाभड़ सब बजा करते खड़े बेडौल दरवाज़े।
व बाहर के पहाड़ी पेड़
जड़ में जम,
भयानक नाचने लगते।
विलक्षण गद्य-संगीतावली की सृष्टि होती है।
अचानक हो गयी बरखास्त मानो आज
अत्याचार की सरकार
जाने देश में किस ध्वस्त,
शहरी रास्तों पर भीड़ से मुठभेड़।
जमकर पत्थरों की चीख़ती बारिश
व रॉयफल गोलियों के तेज नारंगी
धड़ाकों में उभड़ती आग की बौछार।

४

कोमल कोमल टहनियाँ मर गयीं अनुभव मर्मों की
यह निरुपयोग के फलस्वरूप हो गया।
अन्तर्जीवन के मूल्यवान् जो संवेदन
उनका विवेकसंगत प्रयोग हो सका नहीं
कल्याणमयी करुणाएँ फेंकी गयीं
रास्ते पर कचरे–जैसी,
मैं चीन्ह रही उनको।
जो गहन अग्नि के अधिष्ठान
हैं प्राणवान्
मैं बीन रही उनको

५

भारान्वित मेरी पीठ बहुत झुकती जाती
वह कुचल रही है मुझे देव-आकृति।
है दर्द बहुत रीढ़ में
पसलियाँ पिरा रहीं
पाँव में जम रहा ख़ून
द्रोह करता है मन
मैं जनमा जब से इस साले ने कष्ट दिया
उल्लू का पट्ठा कन्धे पर है खड़ा हुआ।

६

तब देव बना अब जिप्सी भी,
केवल जीवन कर्तव्यों का
पालन न हो सके इसीलिए
निज को बहकाया करता है
चल इधर, बीन रूखी टहनी
सूखी डालें,
पहचान अग्नि के अधिष्ठान
जा पहुँच स्वयं के मित्रों में
कर ग्रहण अग्नि–भिक्षा
लोगों से पड़ोसियों से मिल।'

७

गिरस्तिन मौन माँ-बहनें
सड़क पर देखती हैं
भाव-मन्थर, काल-पीड़ित ठठरियों की श्याम गो यात्रा
उदासी से रँगे गम्भीर मुरझाये हुए प्यारे
गऊ-चेहरे।
निरखकर
पिघल उठता मन!!
रुलाई गुप्त कमरे में हृदय के उमड़ती सी है।
नहीं आये समझ में सत्य जो शिक्षित
सुसंस्कृत बुद्धिमानों दृष्टिमानों के
उन्हें वे हैं कि मन ही मन
सहज पहचान लेतीं!!
मग्न होकर ध्यान करती हैं कि
अपने बालकों को छातियों से और चिपकातीं।
भोले भाव की करुणा बहुत ही क्रान्तिकारी सिद्ध होती है।

८

दुख में ही सुख कर लो यारों
दिल में पत्थर भर लो यारों।
जलती रहे चिता सूने में
हम उसको समझेंगे होली
जो हमको कमज़ोर बनाये
ऐसे सुख को मारो गोली
आँखों से चुपचाप सरकने
वाले आँसू पत्थर के हैं,
हम मजबूत, हमीं ने इनमें
सुख की सोना-चाँदी तोली।

१

अपनी व्यक्तिमत्ता के सहारे जो चले हैं प्राण,
उनको कौन देता है
अचल विश्वास का वरदान।
उनको कौन देता है प्रखर आलोक
ख़ुद ही जल
कि जैसे सूर्य।
अपने ही हृदय के रक्त की ऊषा
पथिक के क्षितिज पर बिछ जाय,
जिससे यह अकेला प्रान्त भी निःसीम परिचय की मधुर संवेदना
से
आत्मवत् हो जाय
ऐसी जिस मनस्वी की मनीषा,
वह हमारा मित्र है
माता-पिता-पत्नी-सुहृद पीछे रहे हैं छूट
उन सबके अकेले अग्र में जो चल रहा है
ज्वलत् तारक-सा,
वही तो आत्मा का मित्र है।
मेरे हृदय का चित्र है।

१०

फिर वही यात्रा सुदूर की,
फिर वही भटकती हुई खोज भरपूर की,
कि वही आत्मचेतस् अन्तःसम्भावना,
...जाने किन ख़तरों में जूझे ज़िन्दगी!!

११

वह छिपा प्रत्येक उर में,
प्रति हृदय के कल्मषों के बाद,
जैसे बादलों के बाद भी है शून्य नीलाकाश।
उसमें भागता है एक तारा,
जो कि अपने ही प्रगति-पथ का सहारा,
जो कि अपना ही स्वयं बन चला चित्र,
भीतिहीन विराट्-पुत्र।

इसलिए प्रत्येक मनु के पुत्र पर विश्वास करना चाहता हूँ।

१२

इस हृदय में उठ रहा एक ऐसा प्यार
जिससे स्नात कर दूँ मैं तुझे;
मैं चूम लूँ तुझको
निविड़ गम्भीर मेघों के भयद घनघोर जंगल की
चपल भयहीन बाले,
मैं दिलाता हूँ तुझे विश्वास
तेरी शपथ
तेरे तीव्र मृदु लावण्य की भी शपथ,
अनथक जिस प्रखर संकल्प के क्षण-क्षण
चमकती चीरती तू जा रही
गम्भीर मेघों के भयानक दानवों से व्यूह,
मैं भी काटता चलता चलूँगा अन्ध-मेघ-समूह
मानव देश के
सम्पूर्ण तन की शक्ति से,
जलती हुई दृढ़ भक्ति से,
मैं चीरता चलता चलूँगा।

१३

ज़िन्दगी के...
कमरों में अँधेरे
लगाता है चक्कर
कोई एक लगातार;
आवाज़ पैरों की देती है सुनायी
बार बार...बार बार,
वह नहीं दीखता...नहीं ही दीखता,
किन्तु, वह रहा घूम
तिलिस्मी खोह में गिरफ़्तार कोई एक;
भीत पार आती हुई पास से,
गहन रहस्यमय अन्धकार ध्वनि-सा
अस्तित्व जनाता
अनिवार कोई एक,

१४

वह रहस्यमय व्यक्ति
अब तक न पायी गयी मेरी अभिव्यक्ति है,
पूर्ण अवस्था वह
निज-सम्भावनाओं, निहित प्रभाओं, प्रतिभाओं की
मेरे परिपूर्ण का आविर्भाव,
हृदय में रिस रहे ज्ञान का तनाव वह,
आत्मा की प्रतिमा।
किन्तु, वह फटे हुए वस्त्र क्यों पहने है?
उसका स्वर्ण वर्ण मुख मैला क्यों?
वक्ष पर इतना बड़ा घाव कैसे हो गया?
उसने कारावास दुःख झेला क्यों?
उसकी इतनी भयानक स्थिति क्यों है?
रोटी उसे कौन पहुँचाता है?
कौन पानी देता है?
फिर भी, उसके मुख पर स्मित क्यों है?
प्रचण्ड शक्तिमान क्यों दिखायी देता है?

१५

उनमें कई प्रकाण्ड आलोचक, विचारक, जगमगाते कविगण
मन्त्री भी, उद्योगपति और विद्वान
यहाँ तक कि शहर का हत्यारा कुख्यात
डोमाजी उस्ताद
बनता है बलबन
हाय, हाय!!
यहाँ ये दीखते हैं भूत पिशाच काय।
भीतर का राक्षसी स्वार्थ अब
साफ़ उभर आया है, छुपे हुए उद्देश्य
यहाँ निखर आये हैं,
यह शोभा यात्रा है किसी मृत्यु दल की।

१६

...ओ मेरे आदर्शवादी मन,
ओ मेरे सिद्धान्तवादी मन,
अब तक क्या किया?
जीवन क्या जिया!!
उदरम्भरि बन अनात्म बन गये,
भूतों की शादी में कनात से तन गये,
किसी व्यभिचार के बन गये बिस्तर,

दुःखों के दागों को तमगों सा पहना,
अपने ही खयालों में दिन रात रहना,
असंग बुद्धि व अकेले में सहना,
ज़िन्दगी निष्क्रिय बन गयी तलघर,

अब तक क्या किया,
जीवन क्या जिया!!

१७

गलियों में अन्धकार भयावह...
मानो मेरे कारण ही लग गया
मार्शल लॉ वह,
मानो मेरी निष्क्रिय संज्ञा ने संकट बुलाया,
मानो मेरे कारण ही दुर्घट
हुई यह घटना।

१८

पाता हूँ निज की खोह के भीतर,
विलुब्ध नेत्रों से देखता हूँ द्युतियाँ,
मणि तेजस्क्रिय हाथों में लेकर
विभोर आँखों से देखता हूँ उनको...
पाता हूँ अकस्मात्
दीप्ति में वलयित रत्न वे नहीं हैं
अनुभव, वेदना, विवेक-निष्कर्ष,
मेरे ही अपने यहाँ पड़े हुए हैं
विचारों की रक्तिम अग्नि के मणि वे
प्राण-जल-प्रपात में घुलते हैं प्रतिपल
अकेले में किरणों की गीली है हलचल
गीली है झिलमिल!!

हाय हाय! मैंने उन्हें गुहा-वास दे दिया
लोक-हित क्षेत्र से कर दिया वंचित
जनोपयोग से वंचित किया, और
निषिद्ध कर दिया
खोह में डाल दिया!!
वे ख़तरनाक थे,
(बच्चे भीख माँगते) ख़ैर...
यह न समय है
जूझना ही तय है।

१९

एकाएक उठ पड़ा आत्मा का पिंजर
मूर्ति की ठठरी।
नाक पर चश्मा, हाथ में डण्डा,
कन्धे पर बोरा, बाँह में बच्चा।
आश्चर्य!! अद्‌भुत! यह शिशु कैसे!!
मुसकरा उस द्युति पुरुष ने कहा तब—
''मेरे पास चुपचाप सोया हुआ यह था।
सँभालना इसको, सुरक्षित रखना''

२०

अब अभिव्यक्ति के सारे ख़तरे
उठाने ही होंगे।
तोड़ने होंगे ही मठ और गढ़ सब।
पहुँचना होगा दुर्गम पहाड़ों के उस पार
तब कहीं देखने मिलेंगी हमको
नीली झील की लहरीली थाहें
जिसमें कि प्रतिपल काँपता रहता
अरुण कमल एक,
धँसना ही होगा
झील के हिम-शीत सुनील जल में।
जादुई झील को करनी ही होगी मेरी प्रतीक्षा।

२१

सब चुप, साहित्यिक चुप और कविजन निर्वाक्
चिन्तक, शिल्पकार, नर्तक चुप हैं;
उनके खयाल से यह सब गप है
मात्र किंवदन्ती।
रक्तपायी वर्ग से नाभिनाल बद्ध ये सब लोग
नपुंसक भोग शिरा जालों में उलझे,
प्रश्न की उथली सी पहचान
राह से अनजान
वाक् रुदन्ती।
चढ़ गया उर पर कहीं कोई निर्दयी,
कहीं आग लग गयी, कहीं गोली चल गयी।

२२

घूम उठे खम्भे
भयानक वेग से चल पड़े हवा में।
दादा का सोंटा भी करता है दाँव-पेंच,
गगन में नाच रही कक्का की लाठी।
यहाँ तक कि बच्चे की पेमें भी उड़तीं,
तेजी से लहराती घूमती
मुन्ने की सलेट पट्टी।
एक एक वस्तु या एक एक प्राणग्नि बम हैं,
ये परमास्त्र हैं, प्रक्षेपास्त्र हैं, यम हैं।
शून्याकाश में से होते हुए वे
अरे, अरि पर ही टूट पड़े अनिवार।
यह कथा नहीं है, यह सब सच है, हाँ भई!!
कहीं आग लग गयी, कहीं गोली चल गयी!!

२३

वह मेरे पास कभी बैठा ही नहीं था,
वह मेरे पास कभी आया ही नहीं था,
तिलिस्मी खोह में देखा था एक बार,
आख़िरी बार ही।
पर, वह जगत् की गलियों में घूमता है प्रतिपल
वह फटे हाल रूप।
विद्युल्लहरिल वही गतिमयता,
उद्विग्न ज्ञान-तनाव वह
सकर्मक प्रेम की वह अतिशयता
वही फटे-हाल रूप!!
परम अभिव्यक्ति
अविरत घूमती है जग में
पता नहीं जाने कहाँ, जाने कहाँ
वह है।
इसीलिए मैं हर गली में
और हर सड़क पर
झाँक झाँक देखता हूँ हर एक चेहरा,
प्रत्येक गतिविधि,
प्रत्येक चरित्र,
व हर एक आत्मा का इतिहास,
हर एक देश व राजनीतिक स्थिति और परिवेश
प्रत्येक मानवीय स्वानुभूत आदर्श

विवेक–प्रक्रिया, क्रियागत परिणति!!
खोजता हूँ पठार...पहाड़...समुन्दर
जहाँ मिल सके मुझे
मेरी वह खोयी हुई
परम अभिव्यक्ति अनिवार
आत्म–सम्भवा।

२४

भूल-ग़लती
आज बैठी है जिरहबख़्तर पहनकर
तख़्त पर दिल के;
चमकते हैं खड़े हथियार उसके दूर तक,
आँखें चिलकती हैं नुकीले तेज पत्थर सी;
खड़ी हैं सिर झुकाये
सब कतारें
बेजुबाँ बेबस सलाम में,
अनगिनत खम्भों व मेहराबों थमे
दरबारे-आम में।

सामने
बेचैन घावों की अजब तिरछी लकीरों से कटा
चेहरा
कि जिस पर काँप
दिल की भाफ उठती है...
पहने हथकड़ी वह एक ऊँचा कद,
समूचे जिस्म पर लत्तर,
झलकते लाल लम्बे दाग़
बहते ख़ून के।
वह क़ैद कर लाया गया ईमान...
सुलतानी निगाहों में निगाहें डालता,

बेख़ौफ़ नीली बिजलियों को फेंकता
ख़ामोश!!
सब ख़ामोश!!
मन सबदार
शायर और सूफी
अलगजाली, इब्नेसिन्ना, अलबरूनी
आलिमो फ़ाज़िल सिपहसालार, सब सरदार
हैं ख़ामोश!!

२५

बिस्तर ख़ूब गहरा खोद,
अपनी गोद से,
रक्खा उसे उस नरम धरती गोद।
फिर मिट्टी,
कि फिर मिट्टी,
रखे फिर एक दो पत्थर
उढ़ा दी मृत्तिका की साँवली चादर
हम चल पड़े
लेकिन बहुत ही फिक्र से फिरकर,
कि पीछे देखकर
मन कर लिया था शान्त।
अपना धैर्य पृथ्वी के हृदय में रख दिया था।
धैर्य पृथ्वी का हृदय में रख लिया था।

२६

मुझे पुकारती हुई पुकार खो गयी कहीं...
आज भी नवीन प्रेरणा यहाँ न मर सकी,
न जी सकी, परन्तु वह न डर सकी।
घनान्धकार के कठोर वक्ष
दंश चिह्न से
गभीर लाल बिम्ब प्राण ज्योति के
गभीर लाल इन्दु से
सगर्व भीम शान्ति में उठे अयास मुसकरा
घनान्धकार की भिदी परम्परा।

२७

वह सँवलाया कलियाया मुँह
है स्नेहभरी चिन्ता में
शाल्मलि वृक्षतले
उद्विग्न खड़े वनवासी दुर्धर अर्जुन का
जिसके नेत्रों में चमक उठे,
चन्दन के पावन अंगारे,
जो सोच रहा क्ककय मानव के
इस तुलसी-वन में आग लगी,
क्यों मारा मारी फिरती है
मन की यह गहरी सज्जनता,
दुख के कीड़ों ने खायी क्यों
ये जुही-पत्तियाँ जीवन की,
निर्माल्य हुए क्यों फूल युवक
युवती जन के
क्यों मानव सुलभ सहज
आकांक्षाओं के तरु
यों ठूँठ हुए वृन्दावन के,

२८

माधुरी और करुणा से भीगी रहकर भी
जी के भीतर की शिलालेख चट्टान,
गर्म रहती ही है।
संघर्ष-मार्ग-इतिहास-मर्म कहती ही है,
ओ मेरे सहचर मित्र,
क्षितिज के मस्तक पर नाचती हुई
दो तड़िल्लताओं में मैत्री रहती ही है।

२९

पिस गया वह भीतरी
औ' बाहरी दो कठिन पाटों के बीच,
ऐसी ट्रैजेडी है नीच!!

बावड़ी में वह स्वयं
पागल प्रतीकों में निरन्तर कह रहा
वह कोठरी में किस तरह
अपना गणित करता रहा
औ' मर गया...
वह सघन झाड़ी के कँटीले
तम–विवर में
मरे पक्षी सा
बिदा ही हो गया
वह ज्योति अनजानी सदा की सो गयी
यह क्यों हुआ!
क्यों यह हुआ!!
मैं ब्रह्मराक्षस का सजल उर शिष्य
होना चाहता
जिससे कि उसका वह अधूरा कार्य,
उसकी वेदना का स्रोत
संगत, पूर्ण निष्कर्षों तलक
पहुँचा सकूँ।

३०

ज़मीन में गड़ी हुई देहों की खाक से
शरीर की मिट्टी से, धूल से
खिलेंगे गुलाबी फूल।
सही है कि हम पहचाने नहीं जायेंगे।
दुनिया में नाम कमाने के लिए
कभी कोई फूल नहीं खिलता है
हृदयानुभव-राग-अरुण
गुलाबी फूल, प्रकृति के गन्ध-कोष
काश, हम बन सकें!

३१

जिनके स्वभाव के गंगाजल
ने युगों-युगों को तारा है,
जिनके कारण यह हिन्दुस्तान हमारा है,
कल्याण-व्यथाओं में घुलकर
जिन लाखों हाथों पैरों ने यह दुनिया
पार लगायी है,
जिनके कि पूत-पावन चरणों में
हुलसे मन
से किये निछावर जा सकते
सौ-सौ जीवन,
उन जन जन का दुर्दान्त रुधिर
मेरे भीतर, मेरे भीतर।

३२

अनजानी खोहों और खदानों के
तल में
ज्यों रत्न-दीप जलते
त्यों जन जन के अनपहचाने अन्तस्तल में
जीवन के सत्य दीप पलते!!

दावाग्नि लगे जंगल के बीचोंबीच बहे
मानो जवान सरिता
जलते कूलोंवाली
इस कष्टभरे जीवन के विस्तारों में क्यों
बहती है तरुणों की आत्मा प्रतिभाशाली।
अपने भीतर प्रतिबिम्बित जीवन-चित्रावलि
लेकर जो बहते रहते हैं
ये भारतीय नूतन झरने
अंगारों की धाराओं से
विक्षोभों के उद्वेगों में
संघर्षों के उत्साहों में
जाने क्या क्या सहते सहते
लहरों की ग्रीवा में सूरज की वरमाला;
जमकर पत्थर बन गये दुखों सी
धरती की प्रस्तर-माला
जलभरे पारदर्शी उर में!!

३३

मानव दिगन्त के कूलों पर
जिन लक्ष्य अभिप्रायों की दमक रहीं किरनें
  वे अपनी लाल बुनावट में
    जिन कुसुमों की आकृति बुनने
के लिए विकल हो उठती हैं
उनमें से एक फूल है रे, तुम जैसा ही,
वह तुम ही हो।

३४

भीतर जो शून्य है
उसका एक जबड़ा है,
जबड़े में मांस काट खाने के दाँत हैं;
उनको खा जायेंगे,
तुमको खा जायेंगे।

३५

प्रस्तरीभूत मैं गतियों का हिम हूँ,
बीच ही में टूट गया कोई पराक्रम हूँ,
चट्टानी टीलों की जमी हुई तह से
दुनिया की पाषाणीभूत सतह से
सामंजस्यों के कठघरे में ख़ुद
संगति-बद्ध ही रहने की है ज़िद
परन्तु, सन्तुलनात्मक स्थितियाँ
जैसी कि वे हैं
छिः हैं, थूः हैं: हैं।
खयालों की, सोच-विचारों की जाँत
अँधेरे में चलती
अज्ञात हाथ ही घुमाता है उसको,
किसी मशीन का पुरजा है वह भी,
आदत, आदत, आदत,
दिल व दिमाग़ की, रूह की आदत!
ख़ुद के बनाये ये सभी शिकंजे
उनके पंजों से छुटकारा हो अब।
प्रकाण्ड अनबन,
निज से ही संघर्ष,
चाहिये मुझको दीप्त अनवस्था
इतनी कि स्वयं ही टूटकर
शून्य गगन में
ब्रह्माण्ड धूल के परदे सा बन जाऊँ,

फैल जाऊँ, तन जाऊँ!!
उरस्पटल पर
सहज झलमलायें
सुदूर-आकाश-यात्री की किरनें
और मैं उनका गुरुत्व-आकर्ष,
चुम्बक शक्ति,
ब्रह्माण्ड अनुभव हृदय में पा सकूँ
सीख सकूँ विराट् गतियाँ!!''

३६

स्वयं की ग्रीवा पर
फेरता हूँ हाथ कि
करता हूँ महसूस
एकाएक गरदन पर उगी हुई
सघन अयाल और
शब्दों पर उगे हुए बाल तथा
वाक्यों में ओरांग-उटांग के
बढ़े हुए नाखून!!

३७

अँधेरे वृक्ष में से गहन आभ्यन्तर
सुगन्धें भभक उठती हैं
कि तन-मन में निराली फैलती ऊष्मा
व उन पर चन्द्र की लपटें मनोहर फैल जाती हैं।
कि मेरी छाँह
अपनी बाँह फैलाती
व अपने प्रियतरों के ऊष्म-श्वस् व्यक्तित्व
की दुर्दान्त
उन्मद बिजलियों में वह
अनेकों बिजलियों से खेल जाती है,
व उनके नेत्रों को दीखते परिदृश्य में
वह मुग्ध होकर फैल जाती है,
जगत-सन्दर्भ अपने स्वयं के सर्वत्र फैलाती
अपने प्रियतरों के स्वप्न, उनके विचारों की वेदना जीकर,
व्यथित अंगार बनती है;
हिलगकर, सौ लगावों से भरी,
मृदु झाइयों की थरथरी
उतरती है खदानों के अँधेरे में
वह और अगले स्वप्न का विस्तार बनती है।
कि वह तो भटकती रहती
व ज्यादा स्याह होती है
हृदय में वह किसी के सुलगती रहती
उलझकर, मुक्तिकामी श्याम गहरी भीड़ में चलती

उतरकर, आत्मा के स्याह घेरे में
अचानक दृप्त हस्तक्षेप करती है
सिखाती सीखती रहती,
परखती, बहस करती और ढोती बोझ
मेहनत से,
ज़मीनें साफ़ करती है,
दिवालों की दरारें पूरती-भरती,
व सीती फटे कपड़े, दिल रफ़ू करती,
किन्हीं प्राणांचलों पर वह कसीदा काढ़ती रहती
स्वयं की आत्मा की फूल-पत्ती के नमूने का!

३८

अजीब है!!
गगन में करफ्यू,
धरती पर चुपचाप जहरीली छी: थू;
पीपल के सुनसान घोंसलों में पैठे हैं
कारतूस–छर्रे
जिससे कि हवेली में
हवाओं के पल्लू भी सिहरे।
गंजे सिर चाँद की सँवलाई किरनों के जासूस
साम सूम नगर में धीरे धीरे घूम घाम
नगर के कोनों के तिकोनों में छुपे हुए
करते हैं महसूस
गलियों की हाय हाय!!
चाँद की कनखियों की किरनों ने
नगर छान डाला है।
अँधेरे को आड़े तिरछे काटकर
पीली पीली पट्टियाँ बिछा दीं,
समय काला काला है।

३९

हमारा अधिकार सम्मिलित श्रम
और छीनने का दम है।
शायद है, ज़िन्दगी की, मन की
तसवीरें फ़िलहाल
नहीं बना पायेंगे
अलबत्ता पोस्टर हम लगा जायेंगे
हम धधकायेंगे।
मानो या मत मानो,
इस नाज़ुक घड़ी में
चन्द्र है, सविता है
पोस्टर ही कविता है!!
वेदना के रक्त से लिखे गये
लाल नीले अक्षरों में झलकती
सृजन की नयी परछाइयाँ,
गलियों के कोनों में गूँजती हैं
भावी की झाइयाँ।
धड़कती छाती की प्यारभरी गरमी में
भाफ बने आँसू के
दुर्निवार अक्षर
चटाख से लगी हुई
कारतूस गोली के धड़ाकों से टकरा
प्रतिरोधी कविता
बनते हैं पोस्टर

४०

इस नगरी के प्रहरी पहने हैं धूएँ के लम्बे चोगे
साजिश के कुहरे में डूबी
ब्रह्मराक्षसों की छायाएँ
गांधीजी की चप्पल पहने घूम रही हैं
छिपे छिपे कुछ फ़ौजी टापें
बूटों की भी गूँज रही हैं
उनसे तुम क्या लोगे दोगे!
इस नगरी के क़िले कँगूरे
पर बैठे हैं विभिन्न स्वार्थों के बन्दर लंगूरे
उनसे तुम क्या लोगे दोगे!
बुद्धि ख़त्मकर, शीश कटाकर
मात्र उदर ले, सिर्फ़ पेट ले
मस्तकहीन कबन्ध घूमते हैं राहों पर
बड़े ठाठ से बटन होल में फूल लगाकर
अपने मालिक के ये चाकर
घर बैठे आदर्श घोखते
इन लोगों ने धोखे देकर धोखे भोगे
उनसे तुम क्या लोगे दोगे!

४१

अँधियारे मैदानों के इन सुनसानों में
बिल्ली की, बाघों की आँखों सी चमक रही
ये राग द्वेष ईर्ष्या भय भत्सर की आँखें
हरियातूता की जहरीली नीली-नीली
ज्वाला कुत्सा की आँखों में
ईर्ष्यारूपी औरत को मूँछ निकल आयी
इस द्वेष-पुरुष के दो हाथों
के चार और पंजे निकले
मत्सर को ठस्सेदार तेज दो बौद्धिक सींग निकल आये
स्वार्थी भावों की लाल लाल
बेचैन चींटियों को सहसा
अब नये पंख निकले निकले
अँधियारे बिल में झाँक रहे
सर्पों की आँखें तेज हुई
अब अहंकार उद्विग्न हुआ
मानव के सब कपड़े उतार
एक रीछ एकदम नग्न हुआ
ठूँठों पर बैठे घुग्घू दल
के नेत्रचक्र घूमने लगे
इस बियाबान के नभ में सब
नक्षत्र वक्र घूमने लगे।

४२

उस पार नगर में, गाँवों में
जीवन के अपने करघे पर
प्राणों का सूत लिये बुनकर
बुन रहे मस्तमौला कबीर
जन जन के हित नूतन चादर
इन बेहद के मैदानों में
दुर्दान्त ऐतिहासिक स्पन्दन
के लाल रक्त से लिखते तुलसीदास आज
अपनी पीड़ा की रामायण
उस रामायण की पीड़ा के आलोकों को
अपने में भर मेरे साथी
रह रह दूर दूर बीहड़ में भी
बीहड़ के अन्धकार में भी जब नहीं सूझ कुछ पड़ता
गीतों द्वारा वे एक दूसरे को अपना
खोया अस्तित्व जनाते हैं
अनुभव की दर्दभरी भीषण चट्टानों को
लक्ष्यों की पीड़ा की कुदाल में खनते और खनाते हैं
तब हम भी अपने अनुभव के
सारांशों को उन तक पहुँचाते हैं जिसमें
जिस पहुँचाने के द्वारा हम, सब साथी मिल
दण्डक वन में से लंका का पथ खोज निकाल सकें
धीरे धीरे ही सही, बढ़ें उत्थानों में
अँधियारे मैदानों के इन सुनसानों में।

४३

लेकिन, उधर उस ओर,
कोई, बुर्ज के उस तरफ़ जा पहुँचा,
अँधेरी घाटियों के गोल टीलों, घने पेड़ों में
कहीं पर खो गया,
महसूस होता है कि वह बेनाम
बेमालूम दर्रों के इलाक़े में
(सचाई के सुनहले तेज अक्सों के धुंधलके में)
मुहैया कर रहा लश्कर;
हमारी हार का बदला चुकाने आयेगा
संकल्प-धर्मा चेतना का रक्तप्लावित स्वर,
हमारे ही हृदय का गुप्त स्वर्णाक्षर
प्रकट होकर विकट हो जायेगा!!

४४

नहीं होती, कहीं भी ख़तम कविता नहीं होती
कि वह आवेग–त्वरित काल–यात्री है।
व मैं उसका नहीं कर्ता,
पिता धाता
कि वह कभी दुहिता नहीं होती,
परम स्वाधीन है वह विश्व शास्त्री है।
गहन गम्भीर छाया आगमिष्यत् की
लिये, वह जन चरित्री है,
नये अनुभव व संवेदन
नये अध्याय प्रकरण जुड़
तुम्हारे कारणों से जगमगाती है
व मेरे कारणों से सकुच जाती है
कि मैं अपनी अधूरी बीड़ियाँ सुलगा,
खयाली सीढ़ियाँ चढ़कर
पहुँचता हूँ
निखरते चाँद के तल पर,
अचानक विकल होकर तब मुझी से लिपट जाती है।

४५

शायद इसी शून्य से भागने के लिए मेरे बॉस ने अपना दरबार लगा रखा है, जिनकी आलोचना मैंने की। लेकिन वे शून्य से भागने की तरकीब नहीं जानते। आई वाण्ट टु बी इन दि थिक ऑफ थिंग्स, ऐज मिले ट्राइड टु बी; यस, टु बी इन दि थिक ऑफ़ थिंग्स।

४६

यह दृश्य मेरे अन्तःकरण में संस्कारशील ग़रीबी की सारी वेदना, कष्ट, ममता, भावावेश, आलिंगन, चुम्बन, निस्सहायता और कठोर निर्मम आत्म-नियन्त्रण के मानव चित्रों के साथ जुड़ा हुआ है। दिल फाड़ देने वाले रोमांस, पल पल पर, क़दम क़दम पर, नैतिक प्रश्नों के सींग उठाने वाली जीवन परिस्थितियाँ, मानव अस्तित्व की रक्षा के लिए सब कुछ न्यौछावर कर डालने वाले संघर्ष और बेतहाशा आँसू, भद्दे लगने वाले आँसू और उन्हें थाम कर रखने वाली जबरदस्त डाँट। दिल के भीतर बैठा हुआ एक चाबुकबाज़ हेडमास्टर जो उच्छृंखल प्रवृत्तियों को मुर्गा बनाकर खड़ा कर देता है, तरह तरह की और एक दूसरे काटने लपेटने वाली उलझनें—इन सबसे मिलकर उस निम्न मध्यवर्ग का जीवन बना है, जिसमें अतीत की भावना और आगामी की चिन्ता और दुश्चिन्ता चेतना और संस्कार—दोनों सम्मिलित हैं। अन्तर के केन्द्र में सिमटा हुआ जितना वैविध्य मुझे इस श्रेणी में दिखायी देता है, उतना और कहीं नहीं। मैं प्रत्यक्षतः इसी वर्ग का पुत्र हूँ, यद्यपि अब उससे अलग हो गया सा दिखायी दे रहा हूँ।

४७

घर में उसके झगड़ा रहता था। बीवी उससे चिढ़ती थी। इससे अनबन, उससे बेबनाव, हरेक अपने दुख का कारण दूसरे में ढूँढ़ता था। और कृष्णस्वरूप कहता था कि हरेक का अपना व्यक्तिगत इतिहास है, और हरेक के व्यवहार का अपना औचित्य है। हर आदमी एक दूसरे की परिस्थिति है, एक दूसरे का परिवेश है। हरेक आदमी फासलों में खोया रहता है। कौन ग़लत है, कौन सही—इसका निर्णय नहीं हो सकता। यानी ऐसे निर्णय में बौद्धिक कल्पना की आवश्यकता होती है।

४८

अकस्मात् जगत ने मिश्रा पर बुरी तरह अटैक कर दिया था। पीछे से उसकी मोटी कमर पकड़कर उनके सन्तुलन को बिगाड़ते हुए उसे नीचे गिरा दिया, कि इतने में मिश्रा ने उसे अपने आलिंगन में जकड़ लिया, इतनी जोर से उसे कसा, और इतनी जोर से हँस पड़ा कि जगत हक्का बक्का रह गया!

मिश्रा ने कहा, ''हमारे तुम्हारे बीच कोई झगड़ा नहीं है, जगत! तुम्हारा हमारा प्राकृतिक सह-अस्तित्व है क्योंकि हम दोनों एबी लॉर्डस हैं!

एबी लॉर्ड! मेरे दिमाग़ में एक बिजली कौंध उठी! एक अर्थ मुझ पर वज्र सा गिर पड़ा!

एबी लॉर्ड! शिखण्डी सन्त जिसने अपनी जननेन्द्रिय को चाकू से काट दिया था! सन्त बने रहने के लिए!

४९

मैं पल भर चुप रहा। फिर कहा, ''दुत्कारना आसान है। मेरी भी यह पन्द्रहवीं नौकरी है। लेकिन पेट पालना बहुत मुश्किल है। मेरे घर में सारे दुर्भाग्य मौजूद हैं, लम्बे लम्बे रोग, भारी कर्ज़, कलह और मानसिक अशान्ति बीसियों साल से घर किये बैठे हैं। उन्होंने मुझे भी चुना है। बाल बच्चों को सड़क पर फेंककर भले ही मैं कुछ कर जाऊँ, लेकिन मैं इतना कठोर नहीं हो पाता, शायद कोई भी नहीं हो सकता।'' मैंने जगत से कहा, ''हमें अपने वर्ग में रहने का मोह है, निचले वर्ग में जाने से डर लगता है। लेकिन क्रमशः हमारी स्थिति गिरते गिरते उन जैसी ही होती जाती है। ''तो वहाँ सहर्ष ही क्यों न पहुँच जायें। लेकिन वहाँ भी मुक्ति नहीं है, क्योंकि उस स्थान पर उत्पीड़न घोरतर है।''

५०

तो क्या, भनावत सचमुच ठीक कहता है? क्या मेरी अपनी उन्नति के लिए, समाज में मेरी बढ़ती के लिए, मुझे भी उसी तरह अपनी पूँछ हिलानी पड़ेगी? वास्तविकता यह है, कि अलग अलग लोग, अलग अलग ढंग से पूँछ हिलाते हैं। मेरा भी पूँछ हिलाने का अपना तरीक़ा है। मैं पहले अपने पंजे मालिक की गोद में रख दूँगा और फिर दाँत निकालकर मालिक के मुँह की तरफ़ देखते हुए पूँछ हिलाऊँगा। दूसरे कुत्ते, दरवाज़े में खड़े होकर पूँछ हिलाते हैं। कुछ कुत्ते पास आने की लगन बताते हुए कुत्ते बीच बीच में भौंकते हैं, गुर्राते हैं और पूँछ हिलाते रहते हैं। मतलब यह कि स्थिति भेद और स्वभाव भेद के अनुसार पूँछ हिलाने की अलग अलग शैलियाँ हैं। तो मैं यह नहीं कह सकता कि मैं पूँछ नहीं हिलाता। लेकिन यह ज़रूर है, कि मैं अपने मालिक के प्रति समर्पित नहीं हो पाता, जिस प्रकार राव साहब हैं, न अपने को उनके सामने तुच्छ देखता हूँ। होना तो यह चाहिए कि साफ़ साफ़ कहूँ। लेकिन, सवाल यह है, कि झगड़ा कौन मोल ले, हमें क्या मतलब, हमसे क्या काम है!

५१

यह उनकी संवेदनशील मनुष्यता थी, जिससे प्रेरित होकर वे अपने साथियों की सहायता के लिए दौड़ पड़ते और अपने नुकसान की परवाह नहीं करते थे। वे राजा आदमी थे। वे प्रेम करते थे। और प्रेम की तानाशाही भी उनमें थी, जो शासक वर्ग की तानाशाही मनोवृत्ति से घुल मिलकर इतनी एकप्राण हो गयी थी, कि यह कहना कठिन था, कि वह शासक वर्ग की तानाशाही है या प्रेम का अधिनायकत्व! उनके हाथ से जितनी अधिक सेवा और सहायता होती जाती, उनकी मनोवैज्ञानिक रचना में परिवर्तन होता जाता, प्रेम भाव बढ़ता जाता और प्रेम की तानाशाही बढ़ती जाती।

५२

मेरे व्यक्तिगत इतिहास का यह एक सबसे विचित्र रहस्य है कि मुझे अपने जीवन में ऐसे ही लोग प्राप्त हुए, जो किसी न किसी प्रकार से आहत थे। इन आहतों को पहचानने में मुझे भी तकलीफ़ होती। आहतों का भी अपना एक अहंकार होता है, जिसे मैं ख़ूब पहचानता था और अहंकार बहुत आप्लावित और दृढ़ होता है। वह उस आवेग–उच्छल–कबन्ध के समान है, जो सिर कट जाने के बाद रणक्षेत्र में ख़ून के फव्वारे छोड़ते हुए लड़ता रहता है। उसमें मात्र आवेग की ही गति होती है, लेकिन 'सिर' न होने के सबब वह शून्य में ही चारों ओर तलवार भाँजता रहता है और अन्ततः... ! क्या जगत वैसा ही है ? मेरा खयाल है, वह ऐसा हो भी सकता है; वह ऐसा नहीं भी हो सकता है।

५३

ज्ञान, उनके लेखे, अगर मोक्ष का साधन नहीं है, मुक्ति का सोपान नहीं है, तो निस्सन्देह वह किसी भौतिक लक्ष्य की पूर्ति का ही एक साधन होना चाहिए—उसी प्रकार जैसे लकड़ी से कुत्ते को मार भगाया जा सकता है, या सँड़सी से जलती सिगड़ी पर से तवा नीचे उतारा जा सकता है, या कन्सेशन का रेलटिकिट ख़रीदकर कश्मीर जाया जा सकता है। संक्षेप में, जो व्यक्ति ज्ञान की उपलब्धि का सौभाग्य प्राप्त करके भी यदि अपने जीवन में असफल रहा आया, अर्थात् कीर्ति, प्रतिष्ठा और ऊँचा पद न प्राप्त कर सका, तो उस व्यक्ति को सिरफिरा दिमाग़ी फितूरवाला नहीं तो और क्या कहा जायेगा! अधिक से अधिक वह तिरस्करणीय, और कम से कम वह दयनीय है—उपेक्षणीय भले ही न हो।

५४

लेकिन जगत ने कहा, ''नाग को छोड़ देते हो और कुत्तों को मार डालते हो!''
राव साहब ने हँसते हुए कहा, ''कुत्ते जनता हैं। नाग तो देवता है, अधिकारी है!''

५५

"लेकिन उन दोनों में न स्वीकार है, न अस्वीकार! सिर्फ़ एक सन्देह है, यह सन्देह साधार है कि इस निष्क्रियता में एक अलगाव है—एक भीतरी अलगाव है। अलगाव में विरोध है, विरोध में आलोचना है, आलोचना में करुणा है। आलोचना पूर्णत: स्वीकारणीय है, क्योंकि उसका संकेत कर्तव्य-कर्म की ओर है, जिसे इस पुरुष ने कभी पूरा नहीं किया। वह पूरा नहीं कर सकता।

५६

‘‘दोनों स्त्री पुरुष के जीवन पर विराम का पूर्ण चिह्न लग गया है, काठ हो गये हैं। बाढ़ आती है। किनारे पर पड़े हुए काठों को बहाकर ले जाती है। जल विप्लव है। काठ बहते जाते हैं, फिर भी वे प्राणहीन काठ, आपस में गुँथे हुए बहे जा रहे हैं।

५७

उसने भौंहे समेट ली। मेरी आँखों में आँखें डालकर उसने कहना शुरू किया, "जो आदमी आत्मा की आवाज़ कभी कभी सुन लिया करता है और उसे बयान करके उससे छुट्टी पा लेता है, वह लेखक हो जाता है। आत्मा की आवाज़ जो लगातार सुनता है और कहता कुछ नहीं है, वह भोला-भाला सीधा-सादा बेवकूफ़ है। जो उसकी आवाज़ बहुत ज़्यादा सुना करता है और वैसा करने लगता है, वह समाज विरोधी तत्वों में यों ही शामिल हो जाया करता है। लेकिन जो आदमी आत्मा की आवाज़ ज़रूरत से ज़्यादा सुन करके हमेशा बेचैन रहा करता है और उस बेचैनी में भीतर के हुक्म का पालन करता है, वह निहायत पागल है। पुराने ज़माने में सन्त हो सकता था। आजकल उसे पागलखाने में डाल दिया जाता है।"

५८

उसने मानो मेरी बेवकूफ़ी पर हँसी का ठहाका मारा, कहा, "भारत के हर बड़े नगर में एक एक अमरीका है। तुमने लाल ओठवाली चमकदार, गोरी–सुनहली औरतें नहीं देखी, उनके क़ीमती कपड़े नहीं देखे? शानदार मोटरों में घूमनेवाले अतिशिक्षित लोग नहीं देखे? नफ़ीस क़िस्म की वेश्यावृत्ति नहीं देखी? सेमिनार नहीं देखे? एक ज़माने में हम लन्दन जाते थे और इंग्लैण्ड–रिटर्ण्ड कहलाते थे। और आज वाशिंग्टन जाते हैं। अगर हमारा बस चले और आज हम सचमुच उतने ही धनी हों और हमारे पास उतने ही एटम बम और हाइड्रोजन बम हों और रॉकेट हों तो फिर क्या पूछना!

५९

५९

उसने कहा, "क्लॉड ईथरली एक विमान चालक था! उसके एटमबम से हिरोशिमा नष्ट हुआ। वह अपनी कारगुजारी देखने उस शहर गया। उस भयानक बदरंग, बदसूरत कटी लोथों के शहर को देखकर उसका दिल टुकड़े टुकड़े हो गया। उसको पता नहीं था कि उसके पास ऐसा हथियार है और उस हथियार का यह अंजाम होगा। उसके दिल में निरपराध जनों के प्रेतों, शवों, लोथों, लाशों के कटे पिटे चेहरे तैरने लगे। उसके हृदय में करुणा उमड़ आयी। उधर, अमरीकी सरकार ने उसे इनाम दिया। वह 'वार हीरो' हो गया। लेकिन उसकी आत्मा कहती थी कि उसने पाप किया, जघन्य पाप किया है। उसे दण्ड मिलना ही चाहिए। नहीं! लेकिन, उसका देश तो उसे हीरो मानता था। अब क्या किया जाय! उसने सरकारी नौकरी छोड़ दी। मामूली काम किया। लेकिन, फिर भी वह 'वार हीरो' था, क्लॉड ईथरली महानता नहीं, दण्ड चाहता था, दण्ड!

६०

गाड़ीवाला ठठाकर हँस पड़ा। उसने कहा, "बेवक़ूफ़, मैं दीमक के बदले पंख लेता हूँ, पंख के बदले दीमक नहीं!"
गाड़ीवाले ने 'पंख' शब्द पर बहुत जोर दिया था।
(श्यामला ध्यान से सुन रही थी। उसने कहा, "फिर?")
गाड़ीवाला चला गया। पक्षी छटपटाकर रह गया। एक दिन काली बिल्ली आयी और अपने मुँह में उसे दबाकर चली गयी। तब उस पक्षी का ख़ून टपक टपककर ज़मीन पर बूँदों की लकीर बना रहा था।

६१

सजे हुए टेबल पर रखे क़ीमती फाउण्टेनपेन जैसे नीरव शब्दांकनवादी हमारे व्यक्तित्व, जो बहुत बड़े ही ख़ुशनुमा मालूम होते हैं—किन्हीं महत्वपूर्ण परिवर्तनों के कारण—जब वे आँगन में और घर बाहर चलती हुई झाड़ू जैसे काम करनेवाले दिखायी दें, तो इस हालत में वे यदि सड़क छाप समझें जायें तो इसमें आश्चर्य ही क्या है!

लेकिन, मैं अब ऐसे कामों की शर्म नहीं करूँगा, क्योंकि जहाँ मेरा हृदय है, वहीं मेरा भाग्य है!

६२

सैकड़ों मील जंगल की बाधाएँ पार कर तुम काशी आये। तुम्हारे चेहरे पर जिज्ञासा का आलोक था। मैंने अज्ञान से तुम्हारी मुक्ति की। तुमने मेरा ज्ञान प्राप्त कर मेरी आत्मा को मुक्ति दिला दी। ज्ञान का लाया हुआ उत्तरदायित्व मैंने पूरा किया। अब मेरा यह उत्तरदायित्व तुम पर आ गया। जब तक मेरा दिया तुम किसी और को न दोगे तब तक तुम्हारी मुक्ति नहीं।

६३

आज अपवित्रा सुशीला आँखों में आँसू लेकर और हृदय में ज्वार लेकर सोच रही है कि उसे अपने जीवन में कहीं भी तो विसंगति मालूम नहीं हो रही है। तो उसके पति को भी विसंगति कैसे मालूम होती। एक सिरा 'पति' है, दूसरा सिरा 'काका'! पर इन दोनों सिरों में खोजते हुए भी विरोध नहीं मिल रहा है। वह उस सिरे से इस सिरे तक दौड़ती है—इस सिरे से उस सिरे तक। पर सब दूर एक स्वाभाविक चिकनाहट। फिर वह किस तरह अपवित्र हुई ? यह भी कोई समझाये! उसकी शुद्ध सरल आत्मा में कैसे अपवित्रता आ लगी ?

६४

रामलाल स्वयं देशपाण्डे है, और बिलखता परिवार भी है, जो आज किसी गाँव में-दूर किसी गाँव में, ज़िन्दगी की सियाह चट्टानों पर बीज बोने की पागल कोशिश कर रहा है। रामलाल वह बेचैन नौजवान भी है, जिसने देशपाण्डे की ख़ुदकुशी की ख़बर सुन, इन्कलाब की आग लगाने की हिम्मत और जुर्रत की और गिरफ़्तार हुआ। रामलाल वे सभाएँ, वे जलसे, वे पॉलिटिकल डिमांस्ट्रेशन भी है, जो देशपाण्डे और उसके परिवार के लिए आग के शोलों की मानिन्द भड़क उठे। किन्तु सबसे ख़ूबसूरत रामलाल की वह सूरत है, वह शक्ल है जो एक टीचर की होती है, बाल बढ़े हुए, पीले चेहरे पर थकान और संयम का सौन्दर्य। छोटे छोटे ग़रीब, फटेहाल, बच्चों के दिलो दिमाग़ में ज्ञान का एक एक बीज डालने में प्रवीण, स्नेह विश्वास सादगी की मूरत, वह झुलसा हुआ पर मुस्तकिल दिमाग़, फटेहाल पर गम्भीर, लाचार पर दृढ़, ग़रीब पर इल्मोअमल का बहुत बड़ा पैगम्बर, वह मामूली ईमानदार टीचर, वह दिमाग़ी मज़दूर। समाज में जिसकी कोई वक़्त नहीं, बनिया जिसे हिकारत की नज़र से देखता है, अफ़सर जिसे तुच्छ समझता है, प्रोफ़ेसर जिसे दयनीय मानता है, सरकार जिसे कीड़ा समझती है और जिससे इकतरफा बलिदान माँगा करती है, वह ग्रामीण शिक्षक! रामलाल ने अपनी सूरत अपने दिल में देख ली।

६५

पिताजी ने क्षोभ और घृणा से उसकी ओर देखते हुए कहा, "हमारे शासक भी जनतन्त्र का उपयोग करते हैं? जन-नेता बने फिरते हैं! गुण्डा ऐक्ट कहाँ कहाँ किस किस पर लगाया गया है, जानते हैं आप? विरोधी पार्टियों के नेताओं और कार्यकर्ताओं पर ही केवल नहीं, पुराने कांग्रेसी कार्यकर्ताओं पर, जो सत्ताधारी दल के ख़िलाफ़ बोलते और कार्य करते थे, उन पर भी लगाया गया है। अजी, मेरा भतीजा कब से गुण्डा हुआ? आज उसे पन्द्रह साल हो गये कांग्रेस का काम करते करते, कभी वह गुण्डा नहीं हुआ, और यकायक कांग्रेस पंचायत के चुनाव के मौके पर गुण्डा ऐक्ट के मातहत वह गिरफ़्तार! वाह रे, जनतन्त्र! विद्यार्थी अपनी आवाज़ उठायें, मज़दूर और किसान अपनी माँगे बुलन्द करें तो गोलियों की बौछार!"

६६

पाप के समय भी मनुष्य का ध्यान इज़्ज़त की तरफ़ रहता है। वह पाप करते समय पाप से नहीं डरता, पाप के खुलने से डरता है। वह डर गया कि कोई आ न जाये, पर वह घबराया नहीं, और अपने ही घर में चोर बनकर हलके पैर, धीरे किवाड़ बन्द कर दिये तथा साँकल लगा दी।

६७

युवक के पैरों में कुछ तो भी नरम-नरम लगा—अजीब, सामान्यतः अप्राप्य, मनुष्य के उष्ण शरीर सा कोमल। उसने दो तीन क़दम और आगे रखे। और उसका सन्देह निश्चय में परिवर्तित हो गया। उसका सारा शरीर काँप गया। उसकी बुद्धि, उसका विवेक काँप गया। वह यदि क़दम नहीं रखता है, तो एक ही शरीर पर—न जाने वह बच्चे का है या स्त्री का, बूढ़े का या जवान का-उसका सारा वजन, एक ही पर जा गिरे। वह क्या करे ? वह भागने लगा एक किनारे की ओर। परन्तु कहाँ-वहाँ तक आदमी सोये हुए थे। उनके शरीर की गरम कोमलता उसके पैरों से चिपक गयी थी। वहीं एक पत्थर मिला, वह उस पर खड़ा हो गया, हाँफता हुआ। उसके पैर काँप रहे थे। वह आँखे फाड़ फाड़कर देख रहा था। परन्तु अँधेरे के उस समुद्र में उसे कुछ नहीं दीखा। यह उसके लिए और भी बुरा हुआ। उसका पाप यों ही अँधेरे में छिपा रह जायेगा। उसकी विवेक भावना सिटपिटाकर रह गयी; उसको ऐसा धक्का लग गया, कि वह सँभलने भी नहीं पायी। वह पुण्यात्मा विवेक शक्ति केवल काँप रही थी।

९८

आप 'वाद' के घेरे से बचना चाहते हैं, लेकिन ख़ुद ही का घेरा जो आपके आसपास पड़ा हुआ है, उससे आप कहाँ-कहाँ तक बचेंगे! इस घेरे को, यदि आप घेरा नहीं, डेरा और बसेरा मानते हैं तो मानिये! किन्तु बिना घेरे के तो वह है नहीं।

६९

मुझे लगता था कि वह व्यक्ति हमारी भारतीय परम्परा का ही एक विचित्र परिणाम है। वह अपने विचारों को अधिक गम्भीरतापूर्वक लेता। वे उसके लिए धूप और हवा जैसे स्वाभाविक प्राकृतिक तत्व थे। शायद इससे भी अधिक। दरअसल, उसके लिये न वे विचार थे, न अनुभूति। वे उसके मानसिक भूगोल के पहाड़, चट्टान, खाइयाँ, ज़मीन, नदियाँ, झरने, जंगल और रेगिस्तान थे। मुझे यह भान होता रहता, कि वह व्यक्ति अपने को प्रकट करते समय, स्वयं की सभी इन्द्रिय-शक्तियों से काम लेते हुए, एक आन्तरिक यात्रा कर रहा है। वह अपने विचारों या भावों को केवल प्रकट ही नहीं करता था। वह उन्हें स्पर्श करता था, सूंघता था, उनका आकार-प्रकार, रंग-रूप और गति बता सकता था, मानो उसके सामने वे प्रकट साक्षात् और जीवन्त हों। उसका दिमाग़ लोहे का एक शिकंजा था या सुनार की एक छोटी सी चिमटी, जो बारीक से बारीक और बड़ी से बड़ी बात को सूक्ष्म रूप से और मजबूती से पकड़कर सामने रख देती है।

७०

समाज में, बाहर, पूँजी या धन की सत्ता से विद्रोह की बात की गयी, लेकिन घर में नहीं। वह शिष्टता और शील के बाहर की बात थी। मतलब यह कि अन्यायपूर्ण व्यवस्था को चुनौती घर में नहीं, घर के बाहर दी गयी। घर का संघर्ष कठिन था। उसमें भावनाओं की टकराहट उन्हीं से होती थी, जो अपने प्राण के अंश थे। इसीलिए न केवल उस संघर्ष को टाल दिया गया, वरन् एक अजीब ढंग का समझौता किया गया।

७१

"जो पुराना है, अब वह लौटकर आ नहीं सकता। लेकिन नये ने पुराने का स्थान नहीं लिया। धर्म भावना गयी, लेकिन वैज्ञानिक बुद्धि नहीं आयी। धर्म ने हमारे जीवन के प्रत्येक पक्ष को अनुशासित किया था। वैज्ञानिक मानवीय दर्शन ने, वैज्ञानिक मानवीय दृष्टि ने, धर्म का स्थान नहीं लिया। इसलिए केवल हम अपनी अन्तः प्रवृत्तियों के यन्त्र से चालित हो उठे।"

७२

अगर हम 'है' के बदले 'हो सकता है', 'सम्भव है', 'कदाचित् यह भी हो,' इस तौर से बात करें, और मानव ज्ञान और अपने स्वयं के ज्ञान की साक्षात् सीमाएँ प्रत्यक्ष ध्यान में रख उतना मार्जिन अपने को और दूसरों को प्रदान करें, तो बहुतेरे हृदय-दाह समाप्त हो जायें और हार्दिक तथा वैचारिक आदान-प्रदान अधिक सुगम या सरल हो।

७३

और सच्चा लेखक जितनी बड़ी जिम्मेदारी अपने सिर पर ले लेता है, स्वयं को उतना अधिक तुच्छ अनुभव करता है। उसे अपनी अक्षमता और आत्मसीमा का साक्षात् बोध होता रहता है। ऐसा क्यों ? इसलिए कि वह अपनी अभिव्यक्ति की तुलना जी में धड़कनेवाले केवल वस्तुसत्य से ही नहीं करता, वरन् अपने स्वयं के साक्षात्कार–सामर्थ्य की तुलना उस वस्तुसत्य की विशालता से करता है। आत्मसत्य भी कह सकते हैं उसे, जिसकी धारणा के लिए उसे लगता है कि जितनी आवश्यक मन:शक्ति उसमें चाहिए, उतनी नहीं है। कभी कभी तो उसे केवल आभास–संवेदन से ही काम चला लेना पड़ता है। तब अपनी विषयवस्तु की विशालता और गहरायी की तुलना में लेखक अपने को हीन क्यों न अनुभव करे, क्योंकि वह ख़ूब जानता है, कि उसने जो कुछ वस्तुतः सम्पन्न किया है, उससे भी अच्छा किया जा सकता था। विषयवस्तु के प्रति लेखक का यह संवेदनात्मक उत्तरदायित्व, उसकी मन:शक्ति को किस तरह भंग किये रखता है, यह किसी सच्चे लेखक से ही जाना जा सकता है।

७४

हम सब लोग ऐसे ही डबरे हैं, जो अपने भीतर सूरज का प्रतिबिम्ब धारण किये हैं।

७५

७५

''अभिरुचि के साथ-साथ कई प्रकार के सेंसर्स लगे रहते हैं। लेखक को अनेक प्रकार के सेंसर्स, यानी गहरे अन्तर्निषेधों का सामना करना पड़ता है। कुछ अन्तर्निषेध ऐसे होते हैं, जो उसके काव्यसम्बन्धी यथार्थ की संवेदनाओं को भी काटकर फेंक देते हैं। काव्य का जो वास्तविक तत्व है, जिसके कारण और जिसके द्वारा सौन्दर्य प्रकट होता है, उसी से पता चल जाता है, कि लेखक छद्म भावनाओं का व्यापार कर रहा है या क्या!''

७६

एक प्रगतिवादी के लिए, आपकी दृष्टि से, यह आवश्यक नहीं रहा कि वह अपने घोषित लक्ष्य के अनुसार, अथवा जीवन-मूल्यों के अनुसार, अपना आचरण भी बनाये। एक आदर्शवादी साहित्यिक अपने व्यक्तिगत जीवन में, सुविधा को ही विकास का मूल नियम मान, अपने साहित्य में घोषित जीवन-मूल्यों के एकदम विरुद्ध आचरण कर सकता है, कर रहा है, और करेगा।

७७

असल में साहित्य एक बहुत धोखे की चीज़ हो सकती है। वह एक विशाल वंचना स्वप्न भी हो सकता है। इसीलिए केवल एक ही कसौटी से साहित्य को नापना उचित नहीं। केवल साहित्यिक कसौटी से ही साहित्य को नापना, अथवा केवल समाजशास्त्रीय अथवा केवल मनोविज्ञानवादी दृष्टि से उसका मूल्यांकन करना, मेरी दृष्टि से असंगत है। वह, अन्ततः विघातक भी है।

७८

"कला का पहला क्षण है जीवन का उत्कट तीव्र अनुभव-क्षण। दूसरा क्षण है इस अनुभव का अपने कसकते दुखते हुए मूलों से पृथक हो जाना और एक ऐसी फैण्टेसी का रूप धारण कर लेना, मानो वह फैण्टेसी अपनी आँखों के सामने ही खड़ी हो। तीसरा और अन्तिम क्षण है इस फैण्टेसी के शब्दबद्ध होने की प्रक्रिया का आरम्भ और उस प्रक्रिया की परिपूर्णावस्था तक की गतिमानता। शब्दबद्ध होने की प्रक्रिया के भीतर जो प्रवाह बहता रहता है, वह समस्त व्यक्तित्व और जीवन का प्रवाह होता है। प्रवाह में वह फैण्टेसी अनवरत रूप से विकसित परिवर्तित होती हुई आगे बढ़ती जाती है। इस प्रकार वह फैण्टेसी अपने मूल रूप को बहुत कुछ त्यागती हुई नवीन रूप धारण करती है। जिस फैण्टेसी को शब्द-बद्ध करने का प्रयत्न किया जा रहा है, वह फैण्टेसी अपने मूल रूप से इतनी अधिक दूर चली जाती है कि यह कहना कठिन है कि फैण्टेसी का यह नया रूप अपने मूल रूप की प्रतिकृति है। फैण्टेसी को शब्दबद्ध करने की प्रक्रिया के दौरान जो जो सृजन होता है—जिसके कारण कृति क्रमशः विकसित होती जाती है—वही कला का तीसरा और अन्तिम क्षण है।

७९

असलियत यह है कि सौन्दर्य तब उत्पन्न होता है जब सृजनशील कल्पना के सहारे, संवेदित अनुभव ही का विस्तार हो जाये। कलाकार का वास्तविक अनुभव और अनुभव की संवेदनाओं द्वारा प्रेरित फैण्टेसी, इन दोनों के बीच कल्पना का एक रोल होता है। वह रोल–वह भूमिका एक सृजनशील भूमिका है।

८०

८०

महत्व की बात यह है कि कला के तीसरे क्षण में फैण्टेसी का मूल मर्म अनेक सम्बन्धित जीवनानुभवों से उत्पन्न भावों और स्वरों से युक्त होकर, इतना अधिक बदल जाता है कि लेखक उस पूरी फैण्टेसी को एक नयी रोशनी में देखने लगता है। मेरा मतलब है, मूल फैण्टेसी का मर्म, जो एक सिकुड़ा हुआ दर्द था अब फैलकर एक पर्सपेक्टिव का रूप धारण करने लगता है।

८१

किन्तु हम वह ज़िन्दगी नहीं जी सकते जिसे मैं अपने शब्दों में बिजली-भरी तड़पदार ज़िन्दगी कहता हूँ। ऐसी ज़िन्दगी जिसमें अछोर, भूरे, तपते, मैदानों का सुनहलापन हो, जिसमें सुलगती कल्पना छूती हुई भावना को पूरा करती है, जिसमें सीने का पसीना हो, और मेहनत के बाद की आनन्दपूर्ण थकन का सन्तोष हो। बड़ी और बहुत बड़ी ज़िन्दगी जीना (इम्मेन्स लिविंग) तभी हो सकता है, जब हम मानव की केन्द्रीय प्रक्रियाओं के अविभाज्य और अनिवार्य अंग बनकर जियें। तभी ज़िन्दगी की बिजली सीने में समायेगी। चाहे प्रगतिवादी हो चाहे प्रयोगवादी, जिसने भी उच्च-मध्यवर्ग की सफ़ेदपोश भद्रता के महत्व की कुर्सियों पर आराम किया कि वह गया, मर गया, ऐसा मेरा खयाल है। यह खयाल कुछ लोगों के लिए ख़तरनाक है—चाहे वे कितने ही प्रगतिवादी या इसके विपरीत बंगले के निवासी तकली-कातू गांधीवादी क्यों न हों! हमारे बहुत से साथी इसी ज़िन्दगी में स्वर्ग देखना चाहते हैं। और अपने बाल बच्चों को स्वर्ग दिखाना चाहते हैं।

८२

आज हम देखते हैं कि जीवन जगत् में, गहरा असन्तोषपूर्ण वातावरण है। किन्तु इस असन्तोष के तत्व सामाजिक होते हुए भी, उस असन्तोष का स्तर केवल आत्म-क्षेत्र-बद्ध है। चिनगारियाँ हैं—राख में पड़ी हुई, उसमें सनी हुई चिनगारियाँ—जो जरा हवा लगते ही चमक उठती है और तुरन्त ही नष्ट हो जाती हैं। यह असन्तोष निष्फल है, क्योंकि वह किसी व्यापक से सम्पृक्त नहीं है। इस असन्तोष को व्यापक प्रेरणा का रूप तो तब दिया जा सकता है, जब किसी मानवीय लक्ष्य की ओर हम प्रधावित हों। सार्थक जीवन जीने की अभिलाषा रखना एक बात है, उसके अनुसार जीवन निर्मित करना दूसरी बात।

८३

जिज्ञासावाला व्यक्ति एक बर्बर असभ्य मनुष्य होता है। वह आदिम असभ्य मानव की भाँति हरेक जड़ी और वनस्पति चखकर देखना चाहता है। जहरीली वस्तु चखने का ख़तरा वह मोल ले लेता है।

वह अपना ही दुश्मन होता है। वह अजीब, विचित्र, गम्भीर और हास्यास्पद परिस्थिति में फँस जाता है।

८४

मेरा अपना विचार है कि जिस भ्रष्टाचार, अवसरवादिता और अनाचार से आज हमारा समाज व्यथित है, उसका सूत्रपात बुजुर्गों ने किया। स्वाधीनता प्राप्ति के उपरान्त भारत में, दिल्ली से लेकर प्रान्तीय राजधानियों तक, भ्रष्टाचार और अवसरवादिता के जो दृश्य दिखायी दिये, उनमें बुजुर्गों का बहुत बड़ा हाथ है।

८५

भारत के उच्चतर वर्ग, पश्चिम के साम्राज्यवादी देशों की अद्यतन राजनीतिक और सांस्कृतिक मनोवृत्तियों को आत्मसात् करते हुए, अपने सांस्कृतिक प्रभाव को विस्तृत करना चाहते हैं। छोटे या मँझोले मध्य वर्ग के महत्वाकांक्षी लेखक, पद और प्रतिष्ठा के लोभ में, उन्हीं के दरवाज़े जाते हैं। उन्हीं से सामंजस्य स्थापित करते हैं, और जाने अनजाने, साहित्य में उन्हीं उच्चतर वर्गों की अद्यतन राजनीतिक–सांस्कृतिक मनोवृत्तियों के, उन्हीं के प्रभावों और विचारों के, उन्हीं की दृष्टियों और भावों के संवाहक बन जाते हैं। यह एक वास्तविक जीवन तथ्य है। इससे इन्कार नहीं किया जा सकता।

८६

अब कविता कोई निबन्ध तो है नहीं कि जिससे लोगों को आज के हालात की जानकारी मिले, न वह कोई नाटक है, जिसमें पात्र प्रस्तुत होकर मूर्त रूप से जीवन–यथार्थ उपस्थित करते हैं। कविता, एक संगीत को छोड़, अन्य सभी कलाओं से अधिक अमूर्त है। वहाँ जीवन–यथार्थ केवल भाव बनकर प्रस्तुत होता है, या बिम्ब बनकर, या विचार बनकर। कविता के भीतर की सारी नाटकीयता वस्तुतः भावों की गतिमयता है। उसी प्रकार, कविता के भीतर का कथा तत्व भी भाव का इतिहास है।

८७

पर भई, मेरे लिए अन्धकार तो एक आकर्षण है। अतएव मैं इस ध्वान्त को चीरकर उसके सौन्दर्य को नष्ट नहीं करना चाहता। मैं तो वस्तुओं को टटोलना चाहता हूँ, और उन्हें वैसे ही रखना चाहता हूँ जैसी कि वे मेरे हाथों को लग रही हैं। ना, आप आँख से मत देखिये, पर आपकी स्पर्शानुभूतिवाली अँगुलियों से टटोलिये। सम्भव है, वे छिद जायें। पर इससे आपको नुकसान नहीं होने का। अन्धकार में यही मज़ा है।

८८

भारत की जनता हमेशा से बहुत ग़रीब रही है। हमारे यहाँ भूख, अकाल, महामारी के अलावा, लगातार कष्ट के भयानक से भयानक उदाहरण हज़ारों लाखों की संख्या में प्रतिदिन मिलते हैं। आज तो हालत यह है कि मध्यवर्ग में सामान्य रूप से त्राहि-त्राहि मची हुई है।

८९

संस्कृति का नेतृत्व करना जिस वर्ग के हाथ में होता है, वह समाज और संस्कृति के क्षेत्र में अपनी भावधारा और अपनी जीवन-दृष्टि का इतना अधिक प्रचार करता है, कि उसकी एक परम्परा बन जाती है। यह परम्परा भी इतनी पुष्ट, इतनी भावोन्मेषपूर्ण और विश्व-दृष्टि-समन्वित होती है, कि समाज का प्रत्येक वर्ग आच्छन्न हो जाता है।

९०

९०

कबीर का 'सूक्ष्म' निस्सन्देह तत्कालीन समाज के अत्यन्त उच्च भावों की अग्रभूमि में उपस्थित किसी जागरूक सशस्त्र प्रहरी का काम करता है। इसी 'सूक्ष्म' के बल पर कबीर का मूल फक्कड़पन समाज की विषमताओं की मुट्ठी में दबे हुए गले को, अपने को, मुक्त कर लेने का सबक पढ़ाता है, निम्न जातियों में आत्म-गरिमा का संचार करता है। कहने का तात्पर्य यह है, कि आपको यह बतलाना होगा कि छायावादी 'सूक्ष्म' किसी प्रकार मध्ययुगीन 'सूक्ष्म' से भिन्न है।

९१

सच तो यह है कि स्वयं के मनोभावों की कविता प्रत्यक्षतः व्यक्ति की होने से जन विरोधी नहीं हो जाती, बशर्ते कि वे मनोभाव समाज के बीच में रहकर स्वाभाविक हुए हों। जन-मन की सर्व साधारण मनःस्थिति व्यक्ति की मनोदशाओं द्वारा प्रकट हो, तो फिर क्या कहना! वे मनोभाव तो उत्पीड़ित वर्गों की साधारण मनःस्थिति के ही द्योतक हैं। अपनी बिकी हुई मेहनत, बेसहारा ज़िन्दगी की आकांक्षाएँ, सामाजिक उलझनों से होने वाले मानसिक तनाव, स्थिति-परिस्थिति की क्रिया-प्रतिक्रियात्मक संवेदनाएँ आदि को अपने में सम्मिलित करनेवाला विचार-वेदना-मण्डल, जब लोक मुक्ति की नयी भावधारा से और भी सशक्त और भी संवेदनमय हो जाता है, तब जिस साहित्य का आविर्भाव होता है, उसमें महान् 'मनुष्य सत्य' होता है।

१२

ध्यान रहे कि सौन्दर्याभिरुचि अपनी रक्षा के सेंसर्स का भी विकास करती है। प्रश्न यह है कि सेंसर्स किन मनस्तत्वों के विरुद्ध हैं, क्या हैं, क्या इसका विश्लेषण आवश्यक नहीं है? उदाहरण के लिए, आज की 'नयी कविता' में कर्कश विद्रोह स्वर, अथवा गली कूचों की धूल और मिट्टी की बदरंग तसवीर, अथवा क्रान्तिकारी चण्डता सौन्दर्यात्मक नहीं समझी जाती। भद्रवर्ग की बैठकों में सुनायी गयी ऐसी कविताओं के प्रति प्रतिष्ठित महारथियों ने अविश्वास, अरुचि और वैराग्य ही प्रकट किया।

१३

काव्य के "वस्तु और रूप" के सम्बन्ध में सोचते हुए, मैं किन्हीं विशेष बातों पर रुक जाता हूँ। 'वस्तु' का क्या अर्थ है? क्या 'वस्तु' से हमारा अभिप्राय काव्य-विषय से है? किन्तु, विषय स्वयं अपने आप में काव्य का विषय नहीं होता। उदाहरण के लिए, तुलसी का मानस, और बाल्मीकि की रामायण, दोनों का विषय एक होते हुए भी, मेरे खयाल से, दोनों के काव्यगत वस्तु-तत्व अलग अलग हैं। उषाकाल पर लिखी हुई दो कविताओं के वस्तु-तत्व अलग-अलग हो सकते हैं, होते हैं। सच तो यह है कि काव्य का वस्तु-तत्व वह मनस्तत्व है, जो कि कलाभिव्यक्ति के लिये आतुर हो उठा है। हाँ, यह सही है कि इस मनस्तत्व का आधार-कारण कवि की प्रकृति और जीवन जगत, इन दोनों की परस्पर-प्रतिक्रिया के गुम्फों से तैयार हुआ है। इससे केवल इतना ही सिद्ध होता है, कि कलात्मक अभिव्यक्ति भी कवि-प्रकृति और बाह्य-जगत के द्वन्द्वों का ही, किसी एक उच्च मनोवैज्ञानिक स्तर पर आविर्भूत रूप है। इससे अधिक कुछ नहीं। किन्तु यह द्वन्द्वात्मक विश्लेषण आवश्यक है। कुछ भाववादी आलोचक विचारकगण अपने अध्यात्मवाद अथवा आत्म-स्वातन्त्र्यवाद को सिद्ध करने के फेर में कला की, 'वस्तु' की 'मात्र आध्यात्मिक' अथवा 'मात्र मनोवैज्ञानिक' व्याख्या करते हैं। इस प्रकार की व्याख्या उनके दृष्टिकोण की औचित्य-सिद्धि के लिये बहुत आवश्यक होती है।

९५

प्रगतिवादियों ने कलाकार के दायित्व के प्रश्न को सामने उपस्थित करके लेखकों के अन्तःकरण को, वस्तुतः नये प्रगतिवादी संस्कार देना चाहे थे। किन्तु उन्होंने यह काम इतने भद्दे ढंग से किया, कि उसका बहुत कुछ प्रतिकूल परिणाम हुआ। लेखक किस प्रकार भाव ग्रहण करता है, उसका सर्जनात्मक प्रक्रिया से क्या सम्बन्ध है, लेखक की कठिनाइयाँ क्या है, लेखक का किस प्रकार सामाजीकरण होना चाहिए, लेखक-व्यक्तित्व का सामाजीकरण किस प्रकार सम्भव है, उसके सामाजीकरण से सम्बन्धित कौन सी कठिनाइयाँ आती हैं—इत्यादि प्रश्नों पर ठीक ढंग से विचार उसी हालत में किया जा सकता है, कि जब समीक्षक समग्र मानव-सत्ता को ध्यान में रखे, समग्र व्यक्ति-सत्ता और उसके महत्व को वह गौरव प्रदान करे, उस व्यक्ति-सत्ता के अनेक पक्षों और उपपक्षों के प्रति वह संवेदनात्मक सहानुभूति और सूक्ष्म दृष्टि रखे, तथा वास्तविक सर्जन-क्रियासम्बन्धी आभ्यन्तर तथा बाह्य प्रश्नों पर विचार करके, स्वयं अपनी हार्दिक बौद्धिक एकात्म मानवीय प्रतिभा के कोमल और लक्ष्योन्मुख दृश्य प्रस्तुत करे।

९५

सौन्दर्यानुभूतियाँ मानव अन्तःकरण में वास्तविक जीवन के वास्तविक अनुभवकाल में ही संचित होती रहती है। सौन्दर्यानुभूति, मनुष्य की अपने से परे जाने की, व्यक्ति-सत्ता का परिहार कर लेने की, आत्मबद्ध दशा से मुक्त होने की, मूल प्रवृत्ति से सम्बद्ध है। और इसी मूल प्रवृत्ति का वह एक अनुभव-संवेदनात्मक कल्पनात्मक रूप है, इस वस्तु तथ्य को यदि वे पहचान लेते, तो वे सौन्दर्यानुभूति को वास्तविक जीवन का ही एक ज्ञान रसात्मक रूप मानने के लिए बाध्य होते, और लेखक के व्यक्तित्व की अनुभवात्मक समृद्धि के प्रश्न को वे गम्भीरतापूर्वक हाथ में लेते। यदि वे यह मान लेते कि वास्तविक जीवन में प्राप्त चेतना की मुक्तावस्थाओं की रसात्मक परिणतियों का वह पर्याय है, तो फिर वे वास्तविक मानव जीवन पर, वास्तविक मानव सम्बन्धों पर, उन रसात्मक परिणतियों के प्रभाव का विश्लेषण करते।

९६

किन्तु हमारे लेखक वे प्रगतिवादी ही क्यों न हों, इस प्रकार (के) संघर्ष से बचते हैं। इसलिए वे बात के नूर के स्थान पर भड़कते रंग और फिसलती हुई जबान और बहता हुआ स्वर अधिक पसन्द करते हैं। परिणामतः उनकी बात अधिक रोमैण्टिक ढंग की हो जाती है। शीघ्र इफ़ैक्ट्स देने के लिए वे थोड़ा कहने की चतुरता का इस्तेमाल करते हुए कवि कर्म से फारिग हो लेते हैं। यदि कोई यह कहे कि वे मॉडर्न आउटलुक जन-जीवन का दृष्टिकोण रखते हुए भी ईमानदार नहीं है, तो इस गम्भीर सत्य का एक पहलू (यह) भी है, कि जो लेखक शीघ्र परिणाम के पीछे हाथ धोकर इस प्रकार पड़ा हुआ है, वह न अपने दृष्टिकोण के प्रति ईमानदार है, न अपने कर्तव्य के प्रति। ऐसे लेखक, यह सच है कि कुछ समय के लिए अपने न्याय्य पथ पर कथन शैली के द्वारा साहित्य जगत् में अपना स्थान बना लेते हैं, किन्तु उनका हो हल्ला शोरगुल शीघ्र ही शान्त भी हो जाता है।

९७

एक ख़तरा है जड़ीभूत सौन्दर्याभिरुचि का। नयी काव्य-प्रवृत्ति के क्षेत्र के कुछ महान् व्यक्ति, अपनी वर्गीय अभिरुचि के फलस्वरूप, सौन्दर्य का जो प्रतिमान हमारे सामने रखते हैं, उसमें जब तक व्यापक संशोधन नहीं होगा, तब तक हम अपने ही जीवन अनुभवों का पूर्ण और प्रभावशाली चित्र उपस्थित नहीं कर सकते। जो काव्यात्मक व्यक्तित्व एक बन्द सन्दूक (क्लोज्ड सिस्टम) बनाता है, ('तुम नहीं व्याप सकते, तुममें जो व्यापा है, उसी को निबाहो'), वह जड़ीभूत सौन्दर्याभिरुचि ही प्रस्तुत कर रहा है। इस तरह की जड़ीभूत सौन्दर्याभिरुचि के फलस्वरूप ही, कुछ साहित्यिक समाजशास्त्री अपने ढर्रे के बाहर के क्षेत्र में प्रचलित नयी काव्य समृद्धि में विद्रूपता के अतिरिक्त कुछ नहीं देखते। यदि हमें वैविध्यपूर्ण, परस्पर द्वन्द्वमय, मानव जीवन के (अपने अन्तर में व्यापित) मार्मिक पक्षों का वास्तविक प्रभावशाली चित्रण करना है, तो हमें जड़ीभूत सौन्दर्याभिरुचि और उसके सेंसर त्यागने होंगे तथा अनवरत रूप से अपने ढाँचों और फ्रेमों में संशोधन करते रहना होगा। मनुष्य जीवन का कोई अंग ऐसा नहीं है, जो साहित्याभिव्यक्ति के अनुपयुक्त हो। जड़ीभूत सौन्दर्याभिरुचि एक विशेष शैली को दूसरी विशेष शैली के विरुद्ध स्थापित करती है।

९८

मैं यहाँ शमशेर की उन कविताओं को नहीं भूल सकता जिन्हें हम, व्यापक अर्थ में सामाजिक और संकुचित अर्थ में राजनैतिक कह सकते हैं। मनोवैज्ञानिक वस्तुवादी कवि जब सामाजिक भावनाओं तथा विश्व मैत्री की संवेदनाओं से आच्छन्न होकर मानचित्र प्रस्तुत करता है, तब वह उसी प्रकार अनूठा और अद्वितीय हो उठता है, जैसे कि किसी क्षेत्र में भिन्न तथा अन्य कवि कदापि नहीं। 'शान्ति' पर लिखी शमशेर की कविता क्लासिकल ऊँचाइयों की उपलब्धि कर चुकी है। इससे यह सिद्ध होता है (कि) शमशेर की वास्तवोन्मुख दृष्टि और वास्तव प्राप्त संवेदनाएँ और भी अधिक साहित्यिक उपलब्धियाँ प्राप्त कर सकती हैं। सच तो यह है कि शमशेर के पास जादुई कीमियागीरी नहीं है, वास्तव का संवेदनात्मक ग्रहण है। इन वास्तव संवेदनाओं के सूक्ष्म की पकड़ इतनी जबर्दस्त है कि उनकी शक्ति को देखते हुए यह अपेक्षा की जानी चाहिए कि शमशेर आधुनिक अन्तर्राष्ट्रीय भावना और राष्ट्रीय प्रगतिशील चेतना के और भी उत्तमोत्तम भाव प्रसंग प्रस्तुत करेंगे। शमशेर का काव्य एकदम खरा है, अपने विशेष गुणों के कारण मौलिक है, अपने शिल्प के कारण अद्वितीय है, और ये ही बातें उन्हें श्रेष्ठ कवि सिद्ध करती हैं।

९९

तार सप्तक के प्रकाशन की ओर तीन चार बड़े आदमियों को छोड़कर भद्र साहित्य में किसी का ध्यान आकर्षित नहीं हुआ। किन्तु पण्डित हजारी प्रसाद द्विवेदी, इलाचन्द्र जोशी और रामचन्द्र टण्डन ने विशेष लेख लिखे और उसका ख़ूब स्वागत किया। किन्तु वह काल 'बच्चन', 'अंचल', नरेन्द्र और बाद में, शिवमंगलसिंह 'सुमन' का काल था। फिर भी तार सप्तक नये लेखकों में प्रचलित हुआ। नये ढंग की कविताएँ की जाने लगीं। जगह जगह नये नये लेखक पैदा हुए। उनके लिए तार सप्तक ने पार्श्वभूमि पैदा कर दी थी। उधर तार सप्तक के लेखक स्वयं अपना विकास कर रहे थे, यद्यपि मासिक पत्रों ने भी प्रकाशन का दरवाज़ा उनके लिए बन्द कर रखा था। ज़माना आया जब 'दूसरा सप्तक' का भी प्रकाशन हुआ। फिर तो लेखकों की बाढ़ आ गयी। समालोचकों का ध्यान नये लेखकों की तरफ़ गया और अब तो विश्वविद्यालयों की एम.ए. परीक्षाओं में प्रयोगवाद के प्रश्न पूछे जाते हैं। कविवर 'दिनकर', नन्ददुलारे वाजपेयी और डॉक्टर रामविलास शर्मा ने काव्य की इस प्रवृत्ति का डटकर विरोध किया। किन्तु उसका फैलना रुका नहीं। आज वह पहले से ही बंगला, उर्दू और मराठी में पर्याप्त रूप से पुष्ट हो गयी है।

१००

हिन्दुस्तान जैसे देश में जहाँ अनन्य भूमि है, रत्नगर्भा धरित्री है और उर्वर वसुन्धरा है, निरभ्र आकाश है, भव्य गम्भीर मेघराज है और उत्तरस्थ हिमालय नगाधिराज है, विद्युत-शक्ति, जल-शक्ति, भूमि-शक्ति है, उस देश में अगर नौजवान के छाती की हड्डियाँ निकल आयें, चप्पल की कीलें पैर में लगातार छेद कर रही हों, चेहरे के बाल बढ़े हुए हों और अगर वह एक पैसे की दो बीड़ी पीता हुआ किसी लड़की के मुखड़े को देख सिनेमा का एकाध फोश गाना गुनगुना उठता हो, तो उसके दिल की कभी भभकती हुई तो कभी फफकती हुई तमन्नाओं के ज्वार को देखकर हमें गुस्सा नहीं आता। उस पर गुस्सा करनेवालों पर गुस्सा आता है। बल्कि उन शक्तियों की कमर तोड़ने की इच्छा होती है, उन काली ताक़तों को हमेशा के लिए ज़मीन में गाड़ देने के लिए भुजा ऊँची उठ जाती है, जिन्होंने मनुष्यता के रत्नों, इन नौजवानों, को इस तरह पीस डाला है।

परिशिष्ट

पुस्तक में संकलित सभी उद्धरण, राजकमल प्रकाशन दिल्ली द्वारा प्रकाशित मुक्तिबोध रचनावली (प्रथम संस्करण) के छह खण्डों से लिये गये हैं। समग्र सन्दर्भ-सूची यहाँ दी जा रही है।

संकेत : मुक्तिबोध रचनावली = मुबोर

उद्धरण क्रम सन्दर्भ सूची

१. चकमक की चिन्गारियाँ, मुबोर/२, पृ. २५२-५३

२. चकमक की चिन्गारियाँ, मुबोर/२, पृ. २५५

३. चकमक की चिन्गारियाँ, मुबोर/२, पृ. २६३

४. एक अन्तर्कथा, मुबोर/२, पृ. १५६

५. एक अन्तर्कथा, मुबोर/२, पृ. १५७

६. एक अन्तर्कथा, मुबोर/२, पृ. १५८-५९

७. मेरे लोग, मुबोर/२, पृ. २४०

८. दुख सुख, मुबोर/१, पृ. ५७

९. आत्मा के मित्र मेरे, मुबोर/१, पृ. ८१-८२

१०. पता नहीं, मुबोर/२, पृ. २७९

११. दूर तारा, मुबोर/१, पृ. ८३
१२. दमकती दामिनी, मुबोर/१, पृ. ११९
१३. अँधेरे में, मुबोर/२, पृ. ३५०
१४. अँधेरे में, मुबोर/२, पृ. ३५२
१५. अँधेरे में, मुबोर/२, पृ. ३६०
१६. अँधेरे में, मुबोर/२, पृ. ३६३
१७. अँधेरे में, मुबोर/२, पृ. ३६५
१८. अँधेरे में, मुबोर/२, पृ. ३६७
१९. अँधेरे में, मुबोर/२, पृ. ३७२–७३
२०. अँधेरे में, मुबोर/२, पृ. ३८०
२१. अँधेरे में, मुबोर/२, पृ. ३८४
२२. अँधेरे में, मुबोर/२, पृ. ३८५
२३. अँधेरे में, मुबोर/२, पृ. ३८८–८९
२४. भूल गलती, मुबोर/२, पृ. ४२७
२५. रात चलते हैं अकेले ही सितारे, मुबोर/१, पृ. १२३
२६. मुझे पुकारती हुई पुकार, मुबोर/१, पृ. १८१
२७. मेरे सहचर मित्र, मुबोर/२, पृ. २७४
२८. मेरे सहचर मित्र, मुबोर/२, पृ. २७६–७७
२९. ब्रह्मराक्षस, मुबोर/२, पृ. ३४९
३०. एक भूतपूर्व विद्रोही का आत्मकथन, मुबोर/२, पृ. १५२–५३
३१. जब प्रश्न चिह्न बौखला उठे, मुबोर/१, पृ. ३१८

३२. जब प्रश्न चिह्न बौखला उठे, मुबोर/१, पृ. ३२०

३३. जब प्रश्न चिह्न बौखला उठे, मुबोर/१, पृ. ३२१

३४. शून्य, मुबोर/२, पृ. २३६

३५. चम्बल की घाटी में, मुबोर/२, पृ. ४४६–४७

३६. दिमाग़ी गुहांधकार का ओराँग उटाँग, मुबोर/२, पृ. १८०

३७. अन्तःकरण का आयतन, मुबोर/२, पृ. १६२–६३

३८. चाँद का मुँह टेढ़ा है, मुबोर/२, पृ. २९८

३९. चाँद का मुँह टेढ़ा है, मुबोर/२, पृ. ३१०–११

४०. एक प्रदीर्घ कविता, मुबोर/२, पृ. ३२३

४१. एक प्रदीर्घ कविता, मुबोर/२, पृ. ३३०

४२. एक प्रदीर्घ कविता, मुबोर/२, पृ. ३३६–३७

४३. भूल ग़लती, मुबोर/२, पृ. ४२८–२९

४४. चकमक की चिनगारियाँ, मुबोर/२, पृ. २६४–६५

४५. विपात्र का एक अलग प्रारूप, मुबोर/३, पृ. २८०

४६. विपात्र का एक अलग प्रारूप, मुबोर/३, पृ. २७८

४७. सतह से उठता आदमी, मुबोर/३, पृ. २०१

४८. विपात्र, मुबोर/३, पृ. २५५

४९. विपात्र, मुबोर/३, पृ. २४७

५०. विपात्र, मुबोर/३, पृ. २४६

५१. विपात्र, मुबोर/३, पृ. २३८

५२. विपात्र, मुबोर/३, पृ. २३०

५३. विपात्र, मुबोर/३, पृ. २२८

५४. विपात्र, मुबोर/३, पृ. २२७

५५. काठ का सपना, मुबोर/३, पृ.१९०

५६. काठ का सपना, मुबोर/३, पृ.१९१

५७. क्लाड ईथरली, मुबोर/३, पृ. १७२

५८. क्लाड ईथरली, मुबोर/३, पृ. १७४

५९. क्लाड ईथरली, मुबोर/३, पृ. १७५

६०. पक्षी और दीमक, मुबोर/३, पृ. १६६

६१. पक्षी और दीमक, मुबोर/३, पृ. १६८

६२. ब्रह्मराक्षस का शिष्य, मुबोर/३, पृ. १३२

६३. प्रश्न, मुबोर/३, पृ. १२३–२४

६४. उपसंहार, मुबोर/३, पृ. १०४

६५. उपसंहार, मुबोर/३, पृ. १०९

६६. आखेट, मुबोर/३, पृ. ३३

६७. अँधेरे में, मुबोर/३, पृ. ९४

६८. वाद का घेरा, मुबोर/४, पृ. ३०

६९. नये की जन्मकुण्डली : एक, मुबोर/४, पृ. ४३

७०. नये की जन्मकुण्डली : एक, मुबोर/४, पृ. ४७

७१. नये की जन्मकुण्डली : एक, मुबोर/४, पृ. ४८

७२. हाशिए पर कुछ नोट्स, मुबोर/४, पृ. ५८

७३. डबरे पर सूरज का बिम्ब, मुबोर/४, पृ. ६१–६२

७४. डबरे पर सूरज का बिम्ब, मुबोर/४, पृ. ६३

७५. कलाकार की व्यक्तिगत ईमानदारी : दो, मुबोर/४, पृ. १२८

७६. कुटुयान और काव्य-सत्य, मुबोर/४, पृ. ६९

७७. कुटुयान और काव्य-सत्य, मुबोर/४, पृ. ६९

७८. तीसरा क्षण, मुबोर/४, पृ. ९७

७९. तीसरा क्षण, मुबोर/४, पृ. ९८

८०. तीसरा क्षण, मुबोर/४, पृ. १०३

८१. अकेलापन और पार्थक्य, मुबोर/४, पृ. ११३

८२. अकेलापन और पार्थक्य, मुबोर/४, पृ. ११४-१५

८३. सौन्दर्य प्रतीति की प्रक्रिया, मुबोर/४, पृ. १४७

८४. एक लम्बी कविता का अन्त, मुबोर/४, पृ. १७३

८५. एक लम्बी कविता का अन्त, मुबोर/४, पृ. १७७

८६. एक लम्बी कविता का अन्त, मुबोर/४, पृ. १७८

८७. कुछ और डायरी, मुबोर/४, पृ. १८६

८८. कामायनी : एक पुनर्विचार, मुबोर/४, पृ. ३२१

८९. कामायनी : एक पुनर्विचार, मुबोर/४, पृ. ३६८

९०. समाज और साहित्य, मुबोर/५, पृ. ५३

९१. प्रगतिशीलता और मानव सत्य, मुबोर/५, पृ. ६४

९२. वस्तु और रूप : एक, मुबोर/५, पृ. ९५

९३. वस्तु और रूप : दो, मुबोर/५, पृ. ९९

९४. समीक्षा की समस्याएँ, मुबोर/५, पृ. १४७

९५. समीक्षा की समस्याएँ, मुबोर/५, पृ. १६५

९६. आधुनिक काव्य की चिन्ताजनक स्थिति, मुबोर/५, पृ. २८६–८७

९७. नयी कविता का आत्मसंघर्ष, मुबोर/५, पृ. ३४२

९८. शमशेर मेरी दृष्टि में, मुबोर/५, पृ. ४३७

९९. हिन्दी काव्य की नयी धारा, मुबोर/५, पृ. ३२४

१००. नौजवान का रास्ता, मुबोर/६, पृ. २६